数字赋能乡村振兴丛书

数字驱动

乡村公共服务效能提升

梁丽芝　刘　超◎著

湘潭大学出版社
XIANGTAN UNIVERSITY PRESS

丛书编委会

总　序

纵观世界文明史，人类先后经历了农业革命、工业革命、信息革命。每一次产业技术革命，都给人类生产和生活带来了巨大而深刻的影响。习近平总书记向 2021 年世界互联网大会乌镇峰会致贺信指出，“数字技术正以新理念、新业态、新模式全面融入人类经济、政治、文化、社会、生态文明建设各领域和全过程，给人类生产生活带来广泛而深刻的影响”。数字时代，以 5G、人工智能、大数据、云计算等为代表的新一代数字技术日新月异，创造人类生活新空间，引领社会生产新变革，催生公众消费新业态，拓展国家治理新领域，极大提升了人类认识世界、改造世界的能力，正创造一个万物互联、万物上云、万物兼数的数字世界。为此，数字政府、数字城市、数字乡村建设成为各个国家推进的战略高点，正不断推进，整个社会加速数字化转型。在此背景下，科学回答好数字革命的“时代之问”、数字经济的“发展之问”、数字治理的“变革之问”，是依托数字推动国家经济社会高质量发展的基础和前提。因此，数字乡村既是乡村振兴的发展方向，也是建设网络强国、数字中国、智慧社会的重要内容。

党的十八大以来，以习近平同志为核心的党中央高度重视信息化工作，将网络强国、数字中国、智慧社会建设上升为国家战略，推动互联网、大数据、人工智能和实体经济深度融合，加快推动农业数字化、网络化、智能化。着眼于乡村振兴战略有序推进，国家出台了一系列政策文件，不断完善数字乡村建设政策支持体系。2018 年，中央一号文件《中共中央、国务院关于实施乡村振兴战略的意见》明确提出“实施数字乡村战略”。《乡村振兴战略规划（2018—2022 年）》提出，要夯实数字乡村信息化基础，加快物联网、地理信息、智能设备等现代信息技术与农村生产生活的全面深度融合。2019 年，《数字乡村发展战略纲要》进一步强调现代数字技术在乡村振兴中的拓展应用，明确分四个阶段实施数字乡村战略。2020 年，《数字农业农村发展规划（2019—2025 年）》提出新时期推进数字农业农村建设的总体思路、发展目标和重点任务。2022 年，中央网信办等十部门印发《数字乡村发展行动计划（2022—2025 年）》，为“十四五”时期的数字乡村建设做出了总体规划。

乡村振兴为新时代乡村建设擘画了美好蓝图，数字技术的快速发展则为乡村振兴提供了全新模式和发展机遇，数字赋能开启了乡村繁荣发展的新篇章。各地各部门积极贯彻党中央、国务院关于乡村数字化建设与发展的决策部署，抢抓农村农业数字化转型机遇，积极发挥数字赋能乡村经济发展、社会治理、民生服务、文化传承等方面的重要作用，促进农业产业链全面升级、农村社会全面进步和农民素质全面发展。数字乡村建设提速助力乡村振兴发展的不断深化，乡村数字基础设施建设全面强化，数字乡村建设的信息“大动脉”初步建成，农业农村大数据成为现代农业发展和乡村振兴的重要资源要素。信息技术在农业生产领域广泛应用，有力地助推农业转型升级。农村电子商务和新型农业的发展，催生了大批乡村新业态。在构建现代乡村治理体系过程中，数字技术发挥着重要作用，信息服务正全面渗透到乡村居民生活的各个方面。

当前，乡村振兴战略正深入推进，数字乡村建设也在如火如荼地全面布局。在乡村生产生活生态日益数字化的背景下，数字赋能乡村振兴秉承何种现实逻辑？具体表现为哪些业态与模式？未来应如何重点推进？这些问题都是摆在理论研究者面前的重要工作，不仅关涉到数字乡村建设系列规划能否切实落地，而且将会影响到乡村振兴战略实施的整体成效。有鉴于此，湘潭大学专门组织编写了“数字赋能乡村振兴丛书”，以国家政策规划为遵循，系统性地揭示数字驱动乡村振兴的内在逻辑，全方位地呈现数字赋能乡村振兴的整体图景，深层次地阐发数字乡村建设的破局关键，多视维地探索新时代乡村繁荣发展的数字进路。从而，希冀为各级乡村管理干部提供一套政策研读、模式借鉴、方法学习和路径创新的参考素材，使之能够以更加饱满的工作热情、更显前瞻的政策视野、更为充实的知识储备和更富成效的方案举措，积极投身数字乡村建设主战场，将数字乡村作为实现乡村振兴的重要抓手，着力提升乡村数字化、网络化、智能化水平，持续促进农业农村现代化转型。

丛书立足新时代国家乡村建设发展新的历史方位，坚持中国特色社会主义乡村振兴道路，面向数字引领乡村高质量发展这一重大需求，紧紧围绕推进数字技术与农业农村深度融合展开谋篇布局。丛书按照构建乡村数字治理新体系、数字赋能乡村产业振兴和智慧农业发展、数字驱动乡村公共服务效能提升、数字赋能乡村文化繁荣发展、数字支撑法治乡村建设、数字重塑乡村社会关系和结构、推进数字乡村信息基础设施建设等主题进行编排，不仅涵盖了乡村振兴目标体系中产业振兴、人才振兴、文化振兴、生态振兴和组织振兴五个方面，同时勾勒出数字时代全面推进乡村振兴的现实指向，整体上顺应“产业兴旺、生态宜居、乡村文明、治理有效、生活富裕”的乡村振兴总要求。

丛书依托湘潭大学习近平新时代中国特色社会主义思想研究中心、湘潭大学乡村振兴与共同富裕研究中心进行策划、组织和编写，汇聚了湘潭大学管理学、经济学、法学和社会学等多学科领域的专家学者，是瞄准重大需求、紧盯学术前沿的一大标志性成果，是推进有组织科研的积极尝试。丛书历时半年完成初稿，期间多次召集团队成员围绕主题、框架、内容、体例、风格等展开研讨和磋商，并经编委会反复论证、修改和完善，最后由湘潭大学出版社审定出版。丛书编写始终坚持政治性与学理性相统一、理论性与现实性兼备、思想性与可读性兼顾，既提供全面系统的规划梳理和深入浅出的政策解读，又以透彻细致的学理分析诠释观点、提炼要旨和反思症结，并且注重语言上的亲和力和思想上的启发性，力求观点权威准确、内容通俗易懂、文风清新简洁。同时，本丛书援引数字乡村建设过程中的先进做法，介绍数字赋能乡村振兴的典型模式，结合场景实例说明农村农业数字化转型的趋势、特点和条件，旨在通过鲜活的现实案例为读者提供更具针对性的指导。在书稿体例上，每本书的文字叙述中都穿插了大量的案例配图，章节结构中设置了知识链接、典型案例和延伸阅读等内容板块，使整套丛书的行文形式更加丰富多样和活泼有趣。应该说，本丛书对于广大干部群众全面地了解农村农业数字化转型的政策形势，系统地学习数字时代乡村振兴的理论知识和实践经验，深刻地把握新一轮科技革命下乡村治理变革的发展方向等，都具有较好的参考价值。

在丛书付梓之际，党的二十大即将隆重召开，这是党和国家政治生活中的一件大事。我们党从成立之日起就把农民生活疾苦放在心上，始终高度重视“三农”问题，历代中央领导集体都对解决“三农”问题进行了不懈探索，形成了既一脉相承又与时俱进、既符合中国国情又体现农业农村发展规律的“三农”战略体系。党的十八大以来，习近平总书记对“三农”工作发表了一系列重要讲话，就数字乡村建设提出了一系列富有创见的新思想、新观点和新要求，为中国特色社会主义乡村振兴道路指明了前进方向。作为理论研究和高等教育工作者，我深深地为党团结带领亿万人民群众打赢人类历史上规模最大、力度最强、惠及人口最多的脱贫攻坚战，书写消除绝对贫困艰巨任务的伟大奇迹，创造减贫治理的中国样本，而感到无比振奋和自豪。我期待，丛书的出版能够为数字时代乡村振兴的理论研究和现实进路添砖加瓦，同时吸引更多的同仁投身这项事业，为开创数字乡村建设新局面，建设农业强、农村美、农民富的美丽数字乡村，最终实现全体人民共同富裕和中华民族伟大复兴的宏伟目标而积极求索。同时，由于时间仓促，关于数字赋能乡村振兴的政策解读和理论阐释仍有待深化，相关经验总结和模式提炼还有待进一步完善。希望湘潭大学继续聚焦深耕，力争推出更多更富现实指导意义的精品成果，为实现乡村振兴这一伟大使命提供理论助力。

《求是》杂志社原社长　　李　捷
中国史学会会长

2022 年 9 月

前　言

乡村公共服务是我国公共服务体系的重要组成部分，是关乎民生、连接民心的基础工程，是广大农民群众的共同关切和共同利益所在，有效提供公共服务并为农民享受公共服务创造便利条件是现代政府的基本职能之一，也是现代政府合法性的重要基础。在乡村公共服务体系尚不十分健全、公共服务供给能力尚有待进一步提升的背景下，通过调动和运用一切积极因素完善乡村基本公共服务体系、优化乡村公共服务供给、提升乡村公共服务效能是与广大农民群众切身利益密切相关的民生工程、民心工程，是满足人民群众日益增长的美好生活需要的必然要求，是党一以贯之践行全心全意为人民服务宗旨的具体体现，也是全社会共同推进乡村振兴战略走向纵深发展的题中之义。

党的十八大以来，党中央始终高度重视乡村公共服务体系的建设和乡村公共服务事业的发展，习近平总书记多次在中央农村工作会议、全国两会团组讨论和基层调研等不同场合对做好乡村公共服务工作作出重要论述，提出建立健全城乡基本公共服务均等化的体制机制，推动公共服务向农村延伸、社会事业向农村覆盖等具体要求，为新时代乡村公共服务体系建设指明了前进方向、提供了根本遵循。中共中央办公厅、国务院办公厅、发展改革委、农业农村部、住房和城乡建设部等有关部委据此出台了一系列专门的政策规划、纲要和行动计划，或在全局性政策文件中列出专章予以规划和指导，为乡村公共服务事业发展谋篇布局，形成了乡村公共服务事业发展政策体系的“四梁八柱”。在此基础上，各地区结合自身经济社会发展实际在公共服务机制创新、制度设计和具体执行等方面进行了诸多有益的实践探索，我国乡村公共服务体系建设取得长足进展，农村教育、医疗、养老、就业和政务服务等公共服务的质量和水平均有显著提高，极大促进了农民群众获得感、幸福感和满足感的提升。

同时，得益于新一轮科技革命的迅猛发展，大数据、人工智能、物联网、云计算、区块链和5G技术等新兴数字技术快速发展，深刻影响和改变了我国人民的生活，特别是近年来数字技术及其网络呈现出明显向乡村公共服务供给领域延伸并实现覆盖的趋势，数字乡村建设正在稳步推进并成为乡村振兴和乡村公共服务效能提升的重要助推器。数字技术在一定程度上是与电子计算机和互联网相伴生的技术，据中国互联网网络信息中心发布的第49次《中国互联网络发展状况统计报告》统计，截至2021年底，我国所有行政村实现宽带全覆盖，农村网民规模已达2.84亿，农村互联网普及率为57.6%，较2020年底增长1.7%，城乡地区互联网普及差异也有所缩小，为数字技术在乡村社会的应用提供了基础条件。数字技术的日渐成熟和推广应用为优化乡村公共服务供给提供了强劲的技术支撑，也为广大农民群众获取和享受优质的乡村公共服务创设了更加便利的平台与环境，同时也对农民群众、基层政府、乡村干部等与乡村公共服务密切相关的社会各界主体提出了加快适应数字驱动乡村公共服务趋势并积极运用这一便利条件的新要求。

在此背景下，本书综合运用学理阐释、政策解读和案例剖析等多种具体方式，对党的十八大以后特别是党的十九大以来数字技术驱动乡村公共服务效能提升的基层实践予以概括、对其基本经验加以总结、对其实现机理进行探究，以期在乡村公共服务平台建构、技术嵌入、观念更新等方面为读者提供参考，为切实实现数字技术驱动乡村公共服务效能提升这一目标贡献力量。

目 录

第一章

数字技术开启乡村公共服务高效能供给新征程

乡村公共服务直接影响和作用于广大农民群众生活，建设更高水平乡村公共服务体系是新时代持续强化农业发展动能、改善农村发展环境、提高农民生活质量的重要保障和必然要求。数字技术的开发与运用、数字公共服务平台的建设与推广、数字公共服务网络的织密与织牢，日益成为我国公共服务供给体系的显著特征，也已经成为今后乡村公共服务体系建设的重要发力方向。在第四轮工业革命成果的推动下，大数据、人工智能和5G技术等数字技术的发展日新月异，农民群众对数字技术及其应用的公共认同显著强化，乡村范围内与数字技术相配套的技术设施建设蹄疾步稳，乡村社会对数字技术的需求空前旺盛、对数字技术的容纳能力极大提升，共同创造了数字技术支撑乡村公共服务效能提升的良好环境。当前，数字技术在乡村教育、医疗、养老、就业和政务服务等公共服务体系建设中的全方位应用和发展，为推动乡村公共服务均等化、精准化和可及性提升作出了重要贡献，开启了乡村公共服务高效能供给的崭新征程。

第一节 全面提升乡村公共服务效能是民心民生所系的德政工程

乡村公共服务是社会公共服务向乡村的延伸，是党落实以人民为中心的发展思想的具体表现，是农民群众获得感、幸福感、安全感的重要来源。乡村公共服务体现在农民生产、生活的各个方面，其内容体系涵盖乡村教育、医疗、养老、就业、政务等领域，满足农民群众普惠性、基础性、兜底性的乡村公共服务基本需求。乡村振兴战略全面推进，为实现乡村公共服务“高质量发展”的要求，乡村公共服务内容体系不断充实完善，持续创新了独具中国特色的乡村公共服务供给模式，乡村公共服务水平得到全面提升。“村里的水泥路越修越宽了、今年通过网络直播带货卖掉了村里大面积种植的马铃薯、相距 150 公里的城乡两所小学同上一堂课、公交车站直接修到了家门口……”社会整体基本公共服务体系建设稳步推进，公共服务资源持续向乡村社会倾斜，城市与乡村基本公共服务水平差距不断缩小，乡村重点领域服务保障能力显著提升，农民群众的生活水平得到显著改善，乡村公共服务事业蓬勃发展。

党的十八大以来，我国义务教育普及程度达到世界高收入国家平均水平，建成世界上规模最大的社会保障网络。我国整体基本公共服务供应保障能力全面提升，民众生活得到显著改善。获得基本公共服务是每一个农民的基本权利，确保基本公共服务均等享有是政府的重要工作，为进一步明确我国公共服务体系建设的发展目标、任务、路径和举措，国家发展改革委、中宣部、教育部等部委在联合印发的《“十四五”公共服务规划》中指出，在后一发展阶段中，我国整体公共服务体系建设将把加快推进公共服务均等化作为主要目标，紧扣幼有所育、学有所教、劳有所得、病有所医、老有所养、住有所居、弱有所扶、优军服务和文体服务等民生需求，坚持前瞻性思考、全局性谋划、整体性推进，探索并建立公共服务资源均衡配置长效机制，强化乡村基本公共服务供给“县、乡、村”三级统筹，着力提升乡村公共服务整体效能，逐步实现乡村公共服务的均等享有、便利可及。

一、乡村公共服务体系的整体框架

公共服务关乎民生，连接民心。当前，我国乡村已步入新发展阶段，乡村公共服务事业发展根基更为牢固，发展条件变化深刻，发展环境变革巨大，乡村要充分把握新时代的发展契机，实现乡村公共服务事业的新突破，更好地彰显中国特色社会主义制度的优势。乡村公共服务供给的持续改善在助力打赢脱贫攻坚战中发挥了积极作用，健全乡村公共服务体系是巩固拓展脱贫攻坚成果同乡村振兴有效衔接的重要工作。进一步探究我国乡村公共服务助推乡村振兴的深层逻辑，不难发现：新时代，迈向共同富裕成为新的要求。乡村共同富裕的实现不仅需要依靠健全的公共服务体系，同时，乡村公共服务供给能力已经成为乡村社会共同富裕程度的重要衡量标准。2021 年 8 月 17 日，习近平总书记在中央财经委员会第十次会议上指出，促进共同富裕，最艰巨最繁重的任务仍然在农村。[①] 乡村振兴战略是实现共同富裕的关键步骤，乡村振兴战略的生活富裕目标需要更为健全的公共基础设施和更加完善的公共服务体系有效匹配。乡村物质生活富裕建立在良好的公共基础设施、完善的社会保障体系基础之上，乡村精神生活富足必须与乡村教育、乡风民风建设、高质量文化产品供给等乡村公共服务内容相结合。乡村公共服务的持续性供给通过人力资本机制破解乡村能力贫困。教育、医疗、就业等公共服务内容的完善持续为乡村振兴赋

① 习近平:《扎实推动共同富裕》，载《中国民政》，2021 年第 20 期。

能加码，吸引人力资本向乡村聚集，并与乡村产业振兴之间形成层层推进的关系，具体逻辑理路如下："公共服务完善—人力资本集聚—消费结构改善—乡村产业升级"；乡村基本公共服务体系的完善通过吸引人力资本回流提升带来实际收入增长，乡村消费结构优化，拉动乡村市场内需的同时，高质量的人力资本也为乡村产业升级持续供能，从而带动乡村整体经济增长，助推乡村振兴。

新时期，"三农"工作重心历史性转向全面推进乡村振兴，具有中国特色的现代化乡村建设进程稳步推进，这也为乡村公共服务体系的整体框架构建厘清了思路。在推进我国基本公共服务标准体系建设的基础上，针对乡村教育、医疗、养老、就业等重点领域，采取针对性更强、覆盖面更广、作用更直接、效果更明显的举措，向乡村供给更优质的公共服务产品，优化乡村公共服务的资源配置，补齐乡村公共服务短板，缩小城乡基本公共服务差距，从而实现乡村公共服务全覆盖、保基本、多层次、可持续的总体目标。

（一）发展乡村教育服务，确保学有所教

"百年大计，教育为本"，教育是乡村振兴的智力基础。乡村教育服务作为社会公共服务的重要组成部分，在乡村振兴战略的实现过程中起着导向性的作用，推进乡村振兴战略，必先振兴乡村教育，大力推进乡村教育服务的发展。实践证明，乡村教育服务水平的提升能"反哺"乡村，服务乡村经济社会的可持续发展，从而提高广大农民群众的生活质量和幸福指数。到"十三五"末，我国建成了较为完善的覆盖全学段的学生资助政策体系，普惠性幼儿园覆盖率达到 84.7%，九年义务教育巩固率达到 95.2%、大班额基本消除，高中阶段教育毛入学率达到 91.2%，高等教育毛入学率 54.4%，进入普及化发展阶段。截至 2020 年，全国 96.8% 的县级单位实现义务教育基本均衡发展，

85.8% 的进城务工人员随迁子女在公办学校就读或者享受政府购买学位的服务，“幼有所育、学有所教”已取得了更大突破。为了进一步巩固拓展教育脱贫攻坚成果，有效衔接乡村振兴战略，接续推动脱贫地区发展和乡村全面振兴，《中华人民共和国乡村振兴促进法》特别提到，我国各级人民政府要强化乡村教育工作，不断改善乡村学校的办学环境，充分运用数字技术赋能乡村教育，大力推进网上远程教学活动的开展，助推乡村基础教育的水平提升。加强乡村教师队伍建设，提升乡村教师学历水平、文化水平和乡村教育现代化水平，通过提高乡村教师待遇最低标准、培养公费师范类学生服务乡村教育、给予乡村教师在职称评定政策支持等措施完善乡村教育服务体系。2021 年 5 月，教育部等四部门联合印发《关于实现巩固拓展教育脱贫攻坚成果同乡村振兴有效衔接的意见》也为乡村教育服务的未来发展指明了方向——将巩固拓展教育脱贫攻坚成果放在突出位置，保持乡村教育服务政策总体稳定，助推乡村教育振兴和教育振兴乡村的良性循环，逐步实现“幼有善育、学有优教”，以教育的高质量发展为乡村振兴贡献教育智慧。

（二）发展乡村医疗服务，确保病有所医

新时代，做好乡村医疗卫生工作、巩固拓展乡村健康脱贫成果是实现乡村振兴的重要举措。党的十九大报告指出，要实施健康中国战略，要完善国民健康政策，为人民群众提供全方位全周期健康服务。目前，我国乡村医疗服务发展迅速，城乡之间制度性差异越来越小，实现了新型农村合作医疗与城镇居民医保制度并轨运行，全面建立了统一的城乡居民医保制度，全民健康保障能力显著提升，每千人口医疗卫生床位数达到 6.5 张，每千人口拥有执业（助理）医师数达到 2.9 人，农民群众就医的成本逐步降低。随着健康中国战略深入实施，我国乡村医疗卫生体系建设取得了较大进展，形成了覆盖全面的医疗服务网络。

《“十四五”公共服务规划》对我国乡村医疗服务后续发展作了重要部署，必须多途径培养培训并稳定乡村医疗卫生工作队伍，改善乡村卫生服务水平，破解偏远地区基层医务人员流失严重、医疗服务能力弱化等问题；不断整合资源，完善城乡医疗服务网络、医疗保障经办管理服务网络、公共卫生应急管理体系、重大疫情防控体制机制，均衡发展优质医疗服务。随着新一轮疫情考验的来临，城镇化和人口老龄化给乡村发展带来新的变化，乡村医疗服务水平将会成为社会长期关注的焦点。

（三）发展乡村养老服务，确保老有所养

乡村养老服务事关乡村千家万户，是乡村公共服务的重要一环。据《中国乡村振兴综合调查研究报告 2021》显示，乡村地区人口老龄化形势严峻，全体人口中 60 岁及以上人口的比重达到了 20.04%，65 岁及以上人口的比重达到了 13.82%，完全达到了“老龄化社会”标准，并非常接近“老龄社会”标准。乡村常住人口中 60 岁及以上的比重达到了 23.99%，65 岁及以上人口的比重达到了 16.57%，超过了“老龄社会”标准，距离“超老龄社会”的标准只差 3.43 个百分点，在此情形之下，乡村老人对养老服务的依赖和需求逐渐增强。党和国家高度重视老龄事业和养老服务体系发展，全社会积极应对人口老龄化格局初步形成。目前，乡村地区养老服务供给不足，优质养老服务资源依然短缺，乡村老龄事业和养老服务还存在发展不平衡不充分的问题，乡村养老服务扩供给促普惠仍需下功夫。2022 年 2 月，国务院发布《“十四五”国家老龄事业发展和养老服务体系规划》，特别提出要尽快弥补乡村养老服务体系中的薄弱环节，积极落实应对人口老龄化的对策，优化乡村养老事业和产业的协调发展，全面推进数字技术赋能乡村养老服务，吸引更多的专业人才加入乡村养老服务体系建设的队伍，构建和完善

兜底性、普惠型、智能化、多样化的养老服务体系，不断满足乡村老年人对多样化、个性化、高质量的乡村养老服务的需求。

（四）发展乡村就业服务，确保劳有所得

乡村脱贫人口要实现稳定脱贫，必须抓住产业和就业两个关键，在大力发展乡村产业，促进脱贫人口持续增收的基础上，压实就业帮扶责任，确保脱贫劳动力就业规模的稳定。《中共中央 国务院关于做好 2022 年全面推进乡村振兴重点工作的意见》明确指出，要大力发展县域范围内比较优势明显、带动农业农村能力强、就业容量大的产业，推动形成“一县一业”发展格局；持续推进农村一、二、三产业融合发展，实施“数商兴农”工程，推进电子商务进乡村。文件还特别提出，要挖掘、培养和管理乡村建设各个领域的人才，支持城市人才服务乡村，通过强化乡村振兴金融服务吸引人才下乡，充实乡村人才队伍，助推乡村人才振兴。《乡村振兴战略规划（2018—2022 年）》也为乡村劳动力就业质量提升作出了明确规划。加强城乡一体化的公共就业服务，完善乡村公共就业服务体系，不断健全“县、乡、村”的公共就业服务平台建设，在拓宽乡村就业服务的覆盖面的同时提高就业服务效能，为农民群众提供全面的就业服务，惠及广大农民群众。调查并统计乡村劳动力数量，建立乡村劳动力信息数据库，对乡村劳动力实行动态管理，大力推进乡村就业信息化服务，完善“线上 + 线下”一体化的就业服务体系。加速建立一个贯穿乡村劳动者终身，涵盖全体农民群众学习、就业和发展的专业技术教育培训体系，在资源有效整合的基础上，合理布局建设一批公共实训基地，为乡村就业服务谋求更大发展空间，提高乡村就业服务针对性和实效性。截至 2022 年 3 月底，我国返乡创业就业人员已经达到了 1120 万人，其中，70% 是返乡创业的农民工，创办项目中 80% 以上是乡村一、二、三产业融合项目。乡村公共就业

服务体系日趋完善，农民群众就业形势持续向好，乡村也逐渐成为培养、发展人才的“沃土”。

（五）发展乡村政务服务，确保呼有所应

乡村治理是国家治理的基石，乡村振兴战略的实施要求乡村政务服务向乡村社会内部延伸。现代化乡村建设要求建立和完善乡村治理格局，增强乡镇为民服务能力，优化乡村政务服务模式，全力打通乡村政务服务农民的“最后一公里”。为回应乡村治理现代化需求，乡村政务服务体系逐步完善并在全国各地相继涌现出一批富有特色的典型案例和经验做法。现阶段，我国许多乡村地区都建立起较为完善的“互联网＋政务服务”的运行体系，通过社交媒体、云计算等信息技术提供更加便捷高效的在线或移动政务服务，实现了“让数据多跑腿，农民少跑路”。乡村政务服务的高质量发展也要求乡村政务服务实现规范化、标准化运行，通过整合优化公共服务和行政审批职责，推进直接服务农民群众的公共事业部门改革，打造“一门式办理”“一站式服务”的综合政务服务平台；在乡村网格化管理的基础上，推动基层公共服务和管理精细化、精准化，推进乡村“雪亮工程”建设；通过向乡村全面推广“枫桥经验”，逐渐健全了矛盾纠纷多元化解机制，深入排查化解村内各类矛盾纠纷，切实做到“小事不出村、大事不出乡”。创新和健全乡村政务服务体系是国家真正了解人民诉求，倾听农民群众期盼，解决农民群众生产生活实际问题的最直接手段。乡村要继续推进乡村政务服务改革发展，以数字赋能乡村政务服务体系建设，夯实基层治理基础，实现乡村社会治理体系和治理能力现代化。

二、乡村公共服务效能的体系构成

乡村公共服务是乡村经济社会的稳固之本，乡村公共服务效能的

提升是当前乡村振兴亟须解决的现实问题，影响着农民群众生产、生活的方方面面，直接关系到乡村振兴的总体进程。乡村振兴战略实施以来，我国乡村地区不断优化产业结构布局、转变发展方式、转换经济增长动力，乡村公共服务内容体系逐渐充实完善，乡村公共服务供给效能已有较大提升。高效能乡村公共服务强调乡村公共服务能力和效率的提高、行政成本的降低、结果的反馈和多元主体的参与。这表明乡村公共服务效能不仅体现在公共服务的投入与产出的量化层面，也体现在公共产品供给能力、公共服务的质量和产生的效益等品质层面。

高效能的公共服务是衡量新时代乡村公共服务体系建设工作成效和乡村公共服务发展水平的基本标准之一，也是乡村公共服务体系建设的重要目标导向，在乡村社会发展尚不充分、城乡公共服务水平存在明显差异的条件下，充分利用现有的技术条件和形式提升乡村公共服务效能是一个亟待取得突破和进展的现实问题。如何在现行乡村公共服务体系基础上实现乡村行政成本的缩减、保障乡村公共服务产品供给效率的提升和城乡公共服务资源的配置均衡，遵循保基本、促普惠的价值理念，确保乡村公共利益最大化，更好地满足广大农民群众对美好生活的新需要，提升乡村公共服务整体效能是关键所在。

三、乡村公共服务效能的评价维度

乡村公共服务效能的综合评价隐含着乡村治理不断变迁的价值取向，一方面强调乡村公共服务提供者为满足农民群众公共服务需求和实现自身既定核心价值目标的能力和功能；另一方面重视乡村公共服务体系作用的发挥程度及其所产生的效率、效益和效果的有机统一。因此，对乡村公共服务效能的评价既要包括经济性的量化评价，也要体现伦理性的价值判断。乡村公共服务供给主体的服务能力、乡村公共服务的投入成本和乡村公共服务产品的质量作为衡量乡村公共服务体系效能的基本条件，体现在内部管理和制度设计层面；农民群众对公共服务的满意度和多元主体参与乡村公共服务的程度也将作为重要指标来体现乡村公共服务体系的社会效益、社会公平和对农民群众需求的有效回应。

全面提升乡村公共服务效能是推进乡村治理现代化的重要环节，乡村公共服务内容体系的构建与完善在强调问需于民的同时，也应问效于民。这意味着，提升乡村公共服务效能的过程中必须坚守为人民谋幸福的初心，关切农民群众的现实需求，着力调整服务供给，完善服务体系，保证服务质量，增强为民服务的精确性和实效性。乡村的公共服务需求呈现多样化、多层次、多方面的特点，推动乡村公共服务效能提升是着力解决农民群众最关心最直接最现实的利益问题的重要手段。乡村公共服务效能提升必须立足于长远发展目标，围绕推进乡村治理体系与治理能力现代化，树立乡村公共服务优先导向，强化乡村公共服务制度设计，持续优化乡村公共服务资源配置，补齐乡村基本公共服务短板。进一步创新乡村公共服务供给方式，在强调政府提供乡村基本公共服务的同时，拓展乡村公共服务供给主体范围，大力培育社会组织，科学构建全方位的乡村公共服务体系，坚持乡村社会效益优先原则，提升乡村公共服务供给效能，推动乡村公共服务事业高质量发展。

四、乡村公共服务效能的影响要素

新时代乡村公共服务体系建设强调以满足农民群众的现实需求和实现农民群众的共同期待为导向，注重服务供给的多元主体协调、合作、整合，实现乡村公共服务的高效供给。我国乡村公共服务的建设过程中存在以下因素影响乡村公共服务效能的提升。一是我国公共服务均等化程度将影响乡村公共服务效能。当前我国乡村公共服务发展不平衡不充分的问题已经成为乡村公共服务效能提升的主要掣肘，乡村基本公共服务体系存在诸多缺陷，城市与乡村之间、乡村与乡村之间基本公共服务资源难以合理流动，公共服务人才短缺，公共服务质量参差不齐，限制着乡村公共服务效能的进一步提升。二是乡村公共服务精准化程度将影响公共服务效能。乡村公共服务归根结底要落在农民群众身上，针对我国乡村地区老龄化、空心化的特点，乡村公共服务建设必须充分倾听农民群众最真实的声音，紧贴乡村各类群体在享受公共服务时遇到的困难，才能不断强化公共服务提供与农民群众需求的适配性，精确供给，提升乡村公共服务效能。三是乡村基本公共服务的可及性将影响公共服务效能。乡村公共服务可及性水平的提升将促进农民群众对乡村生活满意度的提升，能够在一定程度上提高农民群众社会反馈行为的积极性，对乡村社会整体产生正向影响。乡村基本公共服务的可及性主要体现在农民群众获取公共服务资源的难易程度，这就要求乡村基本公共服务设施布局与乡村人口分布合理匹配，下沉优质公共服务资源，提升乡村基本公共服务的覆盖面和便捷度，并将与乡村非基本公共服务密切配合、有序衔接乡村生活服务同步纳入，让广大农民群众共享乡村公共服务建设成果。四是高效的乡村公共服务体系离不开公共服务的多元供给、多元参与与共建共享的格局。高效能乡村公共服务不能只依靠政府在基本公共服务供给方面的全权兜底保障，乡村公共服务建设必须充分考虑经济发展状况和政府财政负担压力，要创造良好环境，支持社会力量参与乡村公共服务，调动农民群众自我建设的积极性，形成政府、社会、个人协同发展，全民共建共享的多元乡村公共服务供给新格局。

第二节　数字技术支撑强化是乡村公共服务效能提升的时代红利

2022 年 4 月 19 日，中央全面深化改革委员会第二十五次会议强调，要统筹推进各行业各领域政务应用系统集约建设、互联互通、协同联动，发挥数字化在政府履行经济调节、市场监管、社会管理、公共服务、生态环境保护等方面职能的重要支撑作用。我国数字技术更新迭代速度之快、与人民生活融合程度之深、辐射范围之广，无论是在历史纵深视野中进行纵向比较，还是在全球整体视野中进行横向比较，都已达到了相当的高度。正如习近平总书记所指出的，数字技术正以新理念、新业态、新模式全面融入人类经济、政治、文化、社会、生态文明建设各领域和全过程，给人类生产生活带来广泛而深刻的影响。在此宏观社会背景下，数字技术及其运行体系在城市治理中臻于成熟并且开始运用于乡村社会，数字技术逐步实现与乡村公共服务体系建设的深度融合，广泛地改变了乡村公共服务的整体样态，数字技术融入乡村公共服务的程度日益提升，为乡村公共服务效能提升提供了重要的机遇。

一、数字技术融入乡村公共服务的群众认同环境正在形成

思想是行动的先导，与数字技术深度融合是乡村公共服务领域的全新业态和时代特征，这种全新业态和特征是超出部分农民群体的惯性认知因而可能招致抵制或被虚化的。按照新生事物发展的一般规律，通过社会动员培育和形成农民尤其是乡村干部群体的支持态度，形成对数字技术融入乡村公共服务的普遍认同感，是加快这一进程的重要前提。

党的十九大以来，乡村公共服务的制度体系和技术结构均发生了

深层次变革，农民群众直接或间接感受到了应用数字技术在乡村公共服务中的便利。其一是全面实施乡村振兴战略以来，乡村社会常住人口结构在一定程度上得到了优化，促进了公共服务数字化理念在乡村社会的传播和扎根。这主要是由于一大批长期生活在城市、充分享受城市数字化公共服务便利的农民群众返回乡村自主创业，其已经形成的公共服务获取和使用习惯潜移默化地影响了周围的农民群众，唤醒了农民群众对于数字技术融入乡村公共服务的好奇和主动尝试心理。其二是广大驻村干部代表国家治理力量下沉并常住乡村社会，在工作中将主动对接和应用数字化公共服务体系作为优化服务、提升工作绩效的重要抓手，强化了村级治理主体对在乡村社会中推进数字技术融入乡村公共服务的动员力。其三是诸如健康码、行程码等大量依托大数据而推进的公共卫生服务技术下沉到乡村疫情防控工作体系中，切实保障了农民群众的生命健康安全，在客观上促进了最大范围的农民群众享受和认知数字化公共服务的红利，使得公共服务数字化理念更加深入人心。

二、数字技术融入乡村公共服务的基础设施建设加速推进

如前所述，数字技术与互联网相伴生的特征决定了数字技术融入乡村公共服务的实现必须以乡村数字和信息基础设施的极大改善作为基础条件。同社会主义新农村建设及其之前的农村工作相比，近年来乡村基础设施建设的工作内容有所扩展，重心也有所调整，在进一步完善交通、水利等基础设施的基础上将乡村通信网络建设作为乡村基础设施建设的工作重点，该项工作总体上推进迅速，成效明显。

国家统计局编辑出版的《中国统计年鉴》显示，2018 年和 2019 年，互联网和相关服务领域固定资产投资速度分别达到 37.6% 和 16.7%，

均远高于当年全国总计固定资产投资 5.9% 和 5.4% 的增速，即使是受新冠肺炎疫情影响最重的 2020 年，互联网和相关服务领域的固定资产投资增长亦快于全国所有行业的平均增速，这表明信息基础设施建设正在作为我国固定资产建设的一大重点而持续推进并保持高位增长的良好态势，为数字技术融入乡村公共服务奠定了良好的基础设施基础。当前我国新型信息基础设施建设力度加大，累计开通 5G 基站超过 142.5 万个，5G 网络已经覆盖我国 87% 的乡镇地区，其覆盖面已处于全球领先地位。5G 网络作为最新一代宽带移动通信技术，具备明显的高速率、低时延和大连接的特点和优势，其在乡村社会的普及、推广和应用为高效、优质乡村公共服务的供给提供技术支持，在此条件下，不同地域内一大批不同规模的数字公共服务平台加速建设并投入运营，为全国范围内数字技术融入乡村公共服务承担起先行先试的使命和任务。

三、数字技术融入乡村公共服务的基层实践探索多点开花

数字技术融入乡村公共服务的过程是代表党的主张的顶层设计与代表人民意愿的基层探索相结合的过程，在顶层设计层面完成谋篇布局工作之后，基层有效探索是数字技术融入乡村公共服务的直接动力。党的十八大以来，在脱贫攻坚与乡村振兴等工作使命驱动和考核评价机制推动下，加之新冠肺炎疫情常态化防控工作要求，乡村公共服务内容体系实现了有效扩容，乡村公共服务的事项进一步增加、标准进一步提高，持续增加的工作任务和工作压力极大地推动了乡村公共服务一线应用数字技术的自主探索。

2019 年以来，农业农村部办公厅、发展和改革委员会办公厅、乡村振兴局综合司等连续 4 年在全国范围内组织公共服务典型案例评选

与推介工作，通过推荐上报、专家评审、实地调研和最终核查等一系列程序，总结各地区在优化乡村公共服务方面的好做法、好经验，将其实践经验具象成文字资料并供社会各界查阅，有效促进了乡村公共服务供给有益经验的相互借鉴。从已经公布的前三批共62个案例来看，创新举措涉及农村教育、医疗、养老、社保和公共文化等多个领域，其中不少地区将运用数字技术优化乡村公共服务作为突破口，在浙江省嘉兴市南湖区、宁夏回族自治区固原市彭阳县、四川省雅安市名山区、浙江省丽水市遂昌县、广东省广州市从化区等地形成了“数字化监管系统助力农村生活垃圾分类新模式”“‘互联网+’打通农村饮水工程‘最后100米’”“‘全程代办’实现公共服务‘零距离’”“以共享理念推进智慧文化礼堂建设”“依托云平台打造立体化农村公共服务体系”等多个典型案例，作为新时代公共服务与数字技术相结合的最具代表性的典型模式，其所涉区域在空间上涵盖了东中西部地区，在发展程度上包括了发达地区和欠发达地区，在内容上则既有单项公共服务优化又有综合性公共服务程序创新，在一定程度上反映了基层数字技术融入乡村公共服务的探索是卓有成效的。

四、数字技术融入乡村公共服务为促进其均等化提供支撑

在城乡公共服务发展尚不均衡的条件下，促进乡村公共服务均等化是保障全体农民群众共同享有乡村振兴发展成果、促进全体人民共同富裕的重要要求。乡村公共服务均等化主要是强调农民群众获得公共服务尤其是基本公共服务的机会均等，其内在包含两重意蕴，一是农民人口和城市居民享受的公共服务大致均等，二是乡村内部公共服务的供给相对均等。

2022年3月，李克强总理在十三届全国人大五次会议记者会上指

出，我国仍然是一个发展中国家，城乡差距明显，公共服务要实现均等化是一个长期的过程。城乡差距带来的乡村公共服务均等化的主要挑战是城乡之间、不同发展程度的乡村之间公共服务领域的制度供给、财政供给和人员设备供给不均等问题，乡村振兴阶段大量政策倾斜和转移支付为纾解制度和财政两个制约因素提供了强劲动力，因而当前实践中尤以公共服务的人员和设备供给不均衡问题更为突出。从整体上来看，公共服务人员和设备大量集中在县城及以上的城市区域，对乡村地区尤其是偏远乡村的辐射服务效果相对有限，乡村振兴重点帮扶村尤其是原属于贫困村行列的乡村地区缺少常驻的高素质公共服务人才和标准化配置的公共服务设备，不足以构建起完备的乡村公共服务供给网络，致使农民群众获取公共服务的机会相较于城市居民而言表现出比较明显的不足。

在乡村社会人才承载能力总体不足的背景下，通过吸引大量高素质公共服务人才回流或进入乡村社会并实现长期扎根进而促进公共服务供给均等化，面临着人才工作生活条件、职业生涯发展和乡村财政规模等多重挑战，因而通过其改善乡村公共服务供给状况的可行性相对不足，而非人格化的数字技术及其载体能够为克服上述挑战提供支撑。将数字技术运用到乡村公共服务领域，其一是能够在较大程度上消除公共服务人员素质差异导致的服务质量差异，总体上为农民群众提供与城市居民相同或充分相似的公共服务内容和质量；其二是能够推动克服乡村熟人社会特征和人情关系网络对乡村公共服务供给公平性产生的破坏性影响，实现乡村内部全体农民群众更加平等的享受公共服务。

五、数字技术融入乡村公共服务为推动其精准化奠定基础

在基本公共服务供给仍存在一定程度同质化的条件下，推动乡村公共服务精准化是更好满足农民群众日益增长、日趋多样化的美好生活需要的重要抓手。乡村公共服务精准化主要强调通过弥合公共服务提供者与公共服务受众之间的信息鸿沟，提高公共服务供给与需求的适配性，主动对接和满足农民群众的个性化、差异化公共服务需求。

精准性要求是与乡村经济发展水平的持续提升相伴随的，更是因乡村振兴战略深入实施而愈加重要，当前支农创业人员、联点驻村干部、退休公职人员等生活在乡村社会的非农户口人群数量庞大，通过其在乡村振兴进程中引领示范作用的发挥，影响和改变了大批农民群众的生产生活状态，带动了乡村公共服务需求侧的调整与更新，这就要求乡村社会为其干事创业和日常生活提供更加精准的公共服务。长期以来，乡村公共服务体系建设以满足农民群众基本生活和政务服务需求为主要目标，忽视了不同工作和生活背景条件下农民群众公共服务需求的差异性，在全面推进乡村振兴，建设宜居宜业乡村的进程中，应当注意运用健全乡村公共服务体系的契机予以纠正和克服。

数字技术具有人力所远不能及的信息搜集、传递、加工和处理能力，这种能力在乡村公共服务体系建设各环节中均具有突出优势。首先，数字技术融入乡村公共服务体系有助于将分散于县、乡、村不同层级和民政、教育、卫健、社保不同职能部门的信息充分整合起来，推动精准识别不同农民群体所具有的异质性公共服务需求，进而实现需求侧的精准表达。其次，数字技术相较于乡村公共服务部门工作人员而言，能够有效克服感性带来的不利影响，精准比较不同乡村公共服务供给主体和程序所表现出来的优劣，进而实现供给侧的精准选择。再次，运用数字技术进行的实时监控，能够更加充分实现对乡村公共服务的

全过程、全方位精准把控和适时调整，进而精准评估乡村公共服务供给的整体状况，为公共服务决策提供参考。

六、数字技术融入乡村公共服务为提升其可及性创造条件

在乡村公共服务获取成本依然相对较高的条件下，提升乡村公共服务可及性是打通乡村公共服务最后一公里、充分实现农民群众便捷、高效且经济地享受基本公共服务权利的重要举措。可及性作为社会科学名词得到应用首先是在卫生服务领域，是指公共卫生服务的覆盖范围和满足受众需求的便利程度，是衡量公共卫生事业水平的重要标尺。在实践中，乡村教育、农民就业和农民社会保障等其他乡村公共服务与公共卫生服务具有广泛的相似性，同样需要不断提升可及性，因而需要集中考虑两个问题，一是乡村公共服务如何才能有效供给更大范围的农民群体，二是乡村公共服务如何才能更加便利、更加经济地满足农民群众的需要。

全面提升可及性无疑是当前和今后一个时期乡村公共服务体系建设的一个重要发力点。当前，由于以县城为中心的县域公共服务网络辐射带动乡村尤其是偏远乡村的能力相对有限，其效益和效果受到时空多维度的共同影响，特别是基层人工公共服务的工作时间不能完全与农民办理事务的时间相匹配，农民享受部分基本公共服务面临着比城市居民更重的经济负担，在一定程度上加剧了城乡之间的不公平。

数字技术融入乡村公共服务网络虽然需要较大的初始投资量，但能够极大拉近乡村公共服务供给主体与需求主体之间的时空距离，推动公共服务供给体系以综合政务服务平台等形式进一步分散化下沉到乡村，扩大乡村公共服务供给网络的覆盖面，更好发挥辐射所有村庄和农民的作用，使农民享受公共服务更加便利、快捷，降低农民办理公共服务事项的时间和金钱成本。

第三节 数字技术优势嵌入是乡村公共服务效能提升的重要抓手

一、发挥数字技术整体性优势，弥合乡村公共服务决策的信息孤岛

数字技术的整体性优势是以政府系统内部的数字公共服务网络连接为基础，以数据和信息共享为核心，通过数字技术工具强大的数据录入、存储、加工和处理能力，打破公共服务部门信息壁垒，实现跨部门、跨区域和跨层级的信息互联互通，建立起政府系统内部的整体性数据运行网络。

在数字技术嵌入乡村公共服务决策过程之前或仅有浅层嵌入的阶段，不同乡村公共服务事项主管部门之间的信息缺少畅通的流动，府际和政府不同层级之间、不同部门之间以及乡村公共服务主客体之间甚至于公共服务客体内部，普遍存在着不同程度的信息孤岛现象，大量的公共服务决策所需信息被积压在某一部门而不能为相关部门的决策发挥支撑作用。乡村公共服务体系由医疗、教育、就业和文化服务等不同领域的具体事项共同构成，但相互之间存在着普遍的联系，每一职能部门作出重大决策必须通盘考虑涉及其他部门职能的要素，而信息孤岛的存在致使各职能部门需要耗费大量的人力、物力和财力掌握本部门职能范围之内的信息，并且受到部门间关系等多重因素的影响，导致乡村公共服务决策过程中易于出现考虑要素不够全面、决策过程缺少完整的数据支撑、决策不符合实际以及决策迟缓等决策失序或失灵现象，造成乡村公共服务体系建设过程中的资源浪费和进程拖沓。

在乡村公共服务体系建设中充分运用数字技术的整体性优势，将

乡村公共服务领域的所有信息有效整合到统一的框架内，强化系统内部的协同性和联动性，将政府系统内部的信息孤岛连接成信息大陆，能够在很大程度上避免政府部门决策信息的冗复或者缺失现象，促进乡村公共服务信息在不同的公共服务决策部门之间实现实时共享和充分利用，为后续的信息挖掘、分析处理，实现关联分析等程序和环节奠定基础，从而提高公共服务职能部门决策的科学性，降低其决策成本，提升决策效率。

二、发挥数字技术集成性优势，消解乡村公共服务供给的碎片效应

数字技术的集成性优势主要体现为推进乡村公共服务线上一体化供给、线上线下一门式办理加速实现的技术便利。借助数字技术开发的通用性和适用的包容性特性，运用充分相似或相近的技术手段开发技术条件相同、服务范围相异的线上平台，打通乡村公共服务供给领域的部门隔阻，建立广泛、深度、密切连接与协作的乡村公共服务共同体。

在乡村公共服务主要由基层政府工作人员及其临聘人员直接提供的阶段，由于工作分工和专业化条件下个体业务能力结构的限制，一个部门或政务服务中心往往难以全面供给农民群众尤其是农村市场主体日常所需的各项公共服务，加之乡村公共服务领域权力分配、责任归属、空间分布以及政策供给等均呈现出比较强的模糊性或分散性，乡村公共服务内容碎片化现象殊为突出，公共服务平台功能单一且难以扩展、缺少统筹和常态管理、业务办理流程相互之间衔接不畅乃至脱节等问题普遍存在，广大农民群众不能通过一站式服务办理完结业务，造成了额外的时间和经济成本耗费，甚至由于公共服务获取进程

的拖沓影响到农民群众公共服务最终的有效供给进而造成不必要的损失，这在乡村公共服务领域仍是一个亟待规制的痼疾。

在将数字技术与乡村公共服务体系建设深度融合的过程中，充分发挥数字技术的集成性优势，将分属于不同职能部门的公共服务项目整合到一个综合数字化平台或系统，面向乡村社会统筹公共服务的直接供给，将碎片化的公共服务供给体系转化为一体式公共服务供给体系，实现乡村公共服务的流程再造，使广大农民群众尤其是农村市场主体能够在单一的数字平台上完成复杂性、分散性的公共服务事项办理全流程，实现“信息多跑路，群众少跑腿”，避免农民群众为办理某一项公共服务业务而辗转于多个政府部门和镇村组织之间，提升公共服务供给效率。

三、发挥数字技术便捷性优势，保障乡村公共服务获取的非竞争性

数字技术的便捷性优势，一方面表现为对公共服务时空范围限制的突破，另一方面表现为公共服务获取过程中操作的简便明了。数字技术平台及其终端随时随地可连接、访问和应用的突出优点为农民群众及时解决公共服务需求提供了便利，其操作的标准性和规范性则消弭了人情网络损害乡村公共服务获取的公平性和公正性这一隐忧。

公共性是乡村公共服务的本质属性，这一属性的重要表现之一就是乡村公共服务应具有较强的非竞争性，以更好保障大多数农民群众的切身利益。非竞争性是指某一公共服务客体对公共服务的享有并不会导致其对其他客体的供应的减少，这是乡村公共服务体系建设应当着力保障的基本要求之一。但是面对乡村公共服务需求“质”和“量”两个方面的迅速增长，供需关系在短时间内难以实现充分的平衡状态，

因而在公共服务领域内造成了一定程度的“挤出效应”，即某些公共服务的供给只能满足服务范围内的部分受众或部分满足所有受众，例如，随着农民群众对公共性乡村文化和体育公共服务需求的迅速增长，乡村运动场地、文化基础设施远不能有效容纳所有需要健身或阅读等活动的农民，诸如此类的供需矛盾是普遍存在的，因而在客观上形成或加剧了乡村公共服务的竞争性。

而在乡村公共服务体系中运用数字技术，能够通过平台化的操作扩展乡村公共服务获取的空间范围来为更广大的农民群众提供服务，例如乡村公共就业服务可以借助数字技术开展便捷的远程供需对接服务，既增加了就业岗位的供给又克服了地域的限制。同时，简明规范的数字化公共服务平台操作，可以同时容纳更大数量的农民群众对乡村公共服务进行获取，提高了乡村公共服务获取的个体速率和群体速率，实现了公共服务获取效率的有效提升。

第二章

善教善学：为乡村教育振兴供给数字资源

乡村振兴靠人才，人才培养靠教育。乡村教育振兴是实现乡村振兴战略的重要突破口。数字资源作为数字教育的核心内容，在很大程度上决定了数字化教育的质量和水平，成为新时代助推乡村教育振兴的关键因素。《中华人民共和国国民经济和社会发展第十四个五年规划和 2035 年远景目标纲要》明确提出“加快全民数字技能教育和培训，普及提升公民数字素养”的教育目标，极大强调了数字教育的重要性。2021 年《“十四五”国家信息化规划》首次提出“开展终身数字教育”目标，并从基础设施、数字资源、教学变革等方面作出具体要求。教育部印发的《教育信息化 2.0 行动计划》也明确将教育资源建设及其服务优化放在教育信息化实施行动的首位，提出“建成和完善数字资源公共服务体系”、优化“平台 + 教育”服务模式与能力、实施“教育大资源共享计划”等一系列教育目标和举措。从国家出台的一系列政策文件中可以看出，加强乡村数字教育建设是当今数字化背景下实现教育振兴的必然之路。本章将从乡村数字教育资源、乡村数字教育智慧校园、乡村数字教育从业人员三方面展开，具体阐述数字资源如何助力乡村教育振兴。

第一节 丰富乡村数字教育资源储备，夯实乡村教育振兴数字基石

在数字化大时代背景下，如何利用数字技术促进乡村教育发展是当下应思考的问题。实现新时代数字化改革助推乡村教育振兴不仅是促进教育公平的重要方式，也是推动乡村全面振兴的关键领域。根据经济学中的长板理论，乡村教育的发展将会带动乡村整体的发展，为最终实现乡村振兴助力。尽管当下数字技术对于教育的变革、对于乡村教师专业发展的影响还不足以完全改变乡村教育现状，但历史已经很好地证明了技术的进步往往能带来教育发展的变化和社会形态的改变。对于乡村教育事业，国家、社会、学校以及广大一线教育工作者，都应该放眼未来，秉承理性态度，科学运用数字技术来推动数字教育发展，实现数字时代乡村教育发展的弯道超车。在国家教育信息化战略整体布局下，需要把握机遇，全盘谋划，创造数字工具助力乡村教育振兴的可为空间。通过积极完善乡村地区数字教育资源公共服务体系、加大农村学校数字化校园建设力度、不断提升乡村教师的思想理念和教学能力等一系列措施推动乡村教育革新。

当前正处于教育信息化 2.0 时代，且正值乡村振兴战略大力实施阶段，教育资源不仅仅是教育内容的载体，更是发展和完善新型教育体系的基石，也是缩小城乡教育差距的有利条件。近些年，通过国家的大力支持和人民的不断努力，我国在乡村数字教育资源建设方面已取得了长足发展，教育资源更加丰富、教学资源库日渐普及，并初步形成了“学校 + 政府 + 社会组织”多主体共建的参与模式，已基本构建起面向广大乡村地区的数字教育资源公共服务体系。在取得进步的同

时，我们必须清醒地认识到发展过程中依旧存在诸多困难和挑战，应正视暴露出来的部分问题，敢于承认不足、分析问题，以更加科学有效的技术和手段来完善乡村数字教育资源公共服务体系，更好地实现数字化赋能乡村教育振兴。因此，本节将立足于乡村教育实际，就如何构建统一、开放且完善的乡村数字教育资源公共服务体系进行阐述。

近年来，我国乡村数字教育建设步伐逐渐加快，数字教育资源的整体建设与发展已有一定规模，乡村数字教育资源公共服务体系初现雏形，数字教育资源应用渐成常态。党的十九大报告指出，我国教育事业正处于全面发展进程中，其中数字教育资源建设明显加强。为更好推动我国乡村地区数字教育事业发展，党和各级政府纷纷投入了大量人力、物力和财力。目前，综观我国乡村数字教育资源公共服务体系建设现状，优质教育资源的数量和种类不断增加，数字教育资源库丰富多样，数字教育资源基本实现了教学点全覆盖。主要成效可概括为以下几方面：观念上树立起“数字资源”新观念；基础建设上数字教育条件得到明显改善；资源建设上初步形成了多主体共同参与的模式；支撑保障上提供着良好的政策环境和技术条件。

一、树牢乡村数字教育风向标，发挥数字资源观念引领作用

数字时代背景下，智能技术快速渗透到社会各行各业，深刻改变着人们的生活。数字技术发展催生出新的教育产品和教育模式，网络学习空间作为其中一项有效的生产物，彻底改变了传统教育理念和教育方式。随着数字化教育不断推进，教育资源也日渐呈现出互联网化、多元化、个性化和智能化的新特点。在教育资源呈现新特点的背景下，人们的教育资源观念也随之发生转变，从传统教学资源观转向互联网化新型数字资源观。首先，资源类型由传统静态的客观知识变为动态

的生成性内容，大量教育数据、观点、工具都可作为教育资源。其次，资源形式由单一固定的形式变为多元融合的形式，既包括不同形式的融合，也包括不同内容和过程数据的融合。再次，资源内容由单纯的知识内容变为知识与数据有机结合的内容，实现教育内容和教学过程大数据的融合。最后，资源服务由简单内容的服务变为“内容＋资源”的新型服务，重视数字资源教育教学服务能力的提升。

[典型案例]

从“智慧教育”视野看常州市数字学习的总体推进

随着数字化时代的到来，加快数字化转型已经成为世界各国的共识，以常州市数字化学习实践探索为例，从2012年开始，常州市开展了数字教学的研究工作，这是常州市推动教育信息化、推动教育优质发展、实现区域教育优质均衡的一项重要举措。常州现代教育技术中心副主任徐展表示，经过10多年的摸索，常州的数字化学习将深入推进5个领域，持续推进8项行动，重点突出3个特点，不断地实践、反省、总结、再实践，大力推进常州市基础教育人才培养模式改革与创新，构建新型的区域教育信息化系统。

2020年，常州市在向教育部基础教育司以下几个方面的申报中取得了良好的成绩。第一，让数字化课堂更立体。2020年，常州市借申报教育部基础教育司“基于教学改革、融合信息技术的新型教与学模式”实验区之契机，重新梳理数字化学习研究的目标、内容，引入华东师范大学祝智庭教授关于智慧教育的理念，制定了切合当前态势、顺应未来发展的实验区研究方案，为全市教育信息化发展进行了顶层设计。第二，“双线并进”的平台和资源的开发。一方面，开发上接国省，下接常州市的教育服务应用平台；另一方面，通过自建、合作、购买等多种形式进行平台开发。常州市加大对基础教育的支持力度以及各学科、各学段的优质基础教育资源的开发力度。集聚了近2000个精品课程，近4000个优秀的微型课视频；“网上教育空间”也覆盖了100多所高职院校。

常州市实施数字化学习的实践探索，顺应数字时代新资源理念的潮流，着力打造符合当地实际、前瞻视野、重点发展可移植的区域教育信息化发展新生态，大力推进常州市教育教学改革，逐步实现教育公平，为数字时代的教育资源注入更多的内涵与价值。

（资料来源：《江苏唯一！常州数字化教育案例喜获国家级示范案例》，微讯江苏。）

在教育资源呈现互联网化、多元化、个性化和智能化等新特点时，人们的教育资源观念也逐渐转向互联网化。在新型数字资源观的背景下，亟须完善教育主体系统、丰富教育客体系统、改造生态环境系统。一是教育主体系统的变革是破解乡村教师无法常态化按需应用数字资源的根本出路。要通过纳新、融合、发展变革教育主体系统，添加线上名师主体因素，并通过“内生”和“外引”的方式提升教师主体性，同时乡村教师要加强与线上名师的交流互动与学习借鉴，使教育主体充分关联。二是数字资源的常态化按需建设是新教育客体系统构建的关键。要进一步推进完善“内容+资源”的新型服务建设，实现教学资源由“本地供给”转向“多元输入”，加强数字资源与网络学习空间的融合，不断增强数字资源常态化按需建设的智能化、共享性、互动性。

三是生态环境系统的变革是破解乡村教师无法常态化按需应用数字资源困境的重要保障。要因地制宜地选择技术方案，改造物理环境，结合乡村教师和学生的使用需求选择教学设备，平衡主体的当前需求与未来需求、技术的先进性与成熟性的关系，还需破解网络学习空间中人际关系的“冷漠”，优化网络学习空间的学习氛围并提前制定奖惩规则。

二、夯实乡村数字教育地基石，推进数字资源配套设施建设

我国在数字教育方面的支出呈持续增长态势，2020 年中国教育信息化经费投入达 3431 亿元，较 2019 年的 3204 亿元增加了 227 亿元，同比增长 7.08%，2021 年中国教育信息化经费投入约 3687 亿元。在国家高度重视下，我国农村教育数字化基础设施得到大幅改善，数字技术与教育教学趋向进一步深度融合发展。首先，全面实现村村通宽带、通光纤，覆盖 4G 且正加速建设 5G 网络，为数字教育更好发展奠定了良好的基础条件。其次，乡村地区学校的教学仪器设备进一步得到优化，各阶段教育的数字办学条件较往年都有一定改善。据官方统计，2020 年乡村普通高中、初中和小学的校园网数量、接入互联网数量和投入使用计算机数量均有大幅上升。其中，农村小学、初中建网学校比例分别为 67.3% 和 74.1%，分别比城市学校低 17.2 个和 12.6 个百分点，较城市数字教育条件还存在一定距离。但总体而言，乡村数字教育基础设施建设已经走上正轨，数字化基础条件逐年得到改善。

[典型案例]

四川省南充市蓬安县打好基础，提升数字化教学质量

2018年，蓬安县推动县域教育信息化进程，加快发展教育强县，统筹推进县域智慧型“五位一体”教育信息化建设。蓬安县投资4600余万，利用光纤网络、视频监控、优质资源班，为全县数字教学提供了新的支持，增加136个智能教室，使全县90%的中小学都有录播教室，从而实现了视频会议的全面覆盖。农村中小学电脑教室的升级改造，极大地改善了农村地区数字化教学的基本条件。与此同时，大力推进教育教学综合管理平台、县级教育指挥中心、电视录播中心、优课录系统管理中心等的建设，使全县教育的整体管理水平得到了提高。数字化教学的基本条件得到了显著的提高，传统的教室成了智能化的教室。教学应用日益丰富，为深化数字化教学改革提供了必要的基础。

（资料来源：《四川蓬安：汇聚教育智慧，探索教育信息化发展之路》，学习强国。）

乡村数字教育的发展离不开健全的数字化基础设施建设，乡村数字化基础设施的健全与完善是乡村数字教育得以发展的基本条件和动力源泉。目前乡村地区的数字化基础设施还不能很好地满足数字教育需求，同城市相比差距仍然较大。为有效改变乡村数字教育条件滞后的现状，必须大力加强乡村数字基础设施建设，从物质上提供良好的数字教育公共服务保障。一是政府部门应加大教育投入力度，完善乡村地区教学点的硬件基础设施，积极推进教育新型数字设施建设。二是优化乡村学校网络设备，不断提高校园网网络质量，提供安全、稳定的网络接入服务。三是积极开展网络排查工作，配备一批专业的信息化设备运维人员，将老化设备更新为现代化教学设施，缩小各学校之间的数字资源设施差距。四是积极建设乡村学校多媒体教室、创客教室等现代教学场域，同时为乡村教师配备必要的笔记本、平板电脑等电子教学工具。

三、拓展乡村数字教育内存卡，加快数字资源增量扩容进程

自从《教育部关于全面启动实施“教学点数字教育资源全覆盖”项目的通知》颁布之后，全国 28 个项目省份纷纷响应，积极主动地利用多媒体设备和数字教育资源进行教育教学。首先，开启了国家规定的课程；其次，打破了传统的教学模式，激发了学生的学习动机；最后，丰富了学生的课外知识，开拓了学生的视野，促进了学生的全面发展。安徽和湖北等地探索了同步课堂、传递课堂等针对教学点的教学组织模式，中心学校或县镇学校教师通过视频互动方式为教学点学生开设过去无法开设的国家规定课程；贵州印发文件指导全省教学点开展资源应用；海南组织全省教学点应用现场观摩活动；福建、宁夏等地开展了送教下乡活动，向教学点无偿发放优质资源；河南建立了“教学点数字教育资源全覆盖项目支撑平台”，提供适用本地教学的配套资源；甘肃、宁夏举办了送教下乡的活动，对农村小规模学校数字教育资源的建设和投入使用进行思想指导和技术扶持；四川在探索实践中形成了“人停机不停，师生堂堂用”的局面。各地自创模式、普及应用,对促进“教学点数字教育资源全覆盖”项目全面实施作出积极努力。尽管数字教育资源的使用在农村小规模学校初见成效，但是教育信息化在教育技术领域内作为一项刚起步的新生事物，在建设和发展运用

过程中难免会出现一些难题，要实现数字教育教学在农村小规模学校健康、科学、持续的发展，必须解决好当前数字教育资源在实践发展中遇到的问题。

完善面向乡村地区的数字教育资源公共服务体系，关键是多途径提供并开发海量的优质数字教育资源。一是扩大优质教育资源在广大乡村地区的辐射覆盖范围，为农村数字教学提供更多高质量教学资源。这既体现在乡村地区义务教育课程、高中新课程、职业教育课程和名校系列课程等资源建设上，也表现在名师教学视频、电子备课教案、微课等资源素材的汇聚整合上。二是重构乡村教育数字资源库内容，整合区域内数字资源，通过线上线下结合的方式建立本区域实践和应用共同体。同时，充分挖掘当地特色教学资源，精准定位教育需求，同信息化教学手段相结合。三是深挖乡村数字教育资源的内涵，开发新型数字教育资源，如交互数字教材、虚拟仿真资源、STEM 课程等。四是提高优质课程资源共享程度，通过“东西协作”“定向帮扶”等方式来精准提高结对帮扶成效，重视对优质且具特色的课程资源进行整理提炼，创建优秀课程项目，以供乡村地区间相互交流学习。

四、汇聚乡村数字教育向心力，健全数字资源共建共享机制

当前正处于教育信息化 2.0 时代，我国数字教育资源建设已初步形成“政府 + 多主体”共同参与建设的模式，一定程度上实现了资源共建共享，促进了资源服务质的提升。目前，我国数字教育资源涵盖小初高共 85 个学科、873 个教材版本，总数近 5000 万条，能有效满足学校师生对优质教育教学资源的需求。在资源建设过程中，政府、企业、出版社、高校、专业人员、教师等是常见建设主体，尤其是拥有双重身份的学校、教师和学生，既是资源使用者，也是资源开发者。目前

教育资源建设的途径主要有两种：一是政府牵头，通过出台相关政策文件、加大资金投入力度等手段来统筹协调教育资源的建设和使用；二是市场调节，形成具有民间性质的资源多元供给格局。企业、出版社、公益组织等主体自愿参与到数字资源建设中来，为满足不同群体多样化教育需求而提供种类丰富的教育资源。2020 年我国教育信息化市场总投资额达 117.76 亿元，同比增长 124.48%，2021 年投资金额达到 146.63 亿元。两种资源建设途径有机结合，能有效优化教育资源，极大推动乡村数字教育资源服务体系建设，实现数字教育资源共建共享。

完善乡村数字教育资源公共服务体系的关键在于优化数字资源供给体系，促进政府、学校、社会机构、企业等多元主体共同参与数字教育资源建设，形成各级各类主体协同提供数字教育资源的立体化格局。一方面，政府相关部门应完善激励措施，激发社会各类主体参与到乡村数字教育资源建设中来，包括企业、慈善机构、村民等多元主体。另一方面，加强各方主体在资源建设中动力机制和利益机制的研究，适当引入有偿共享机制，确保数字教育资源的质量和持续性供给。此外，充分发挥市场作用，鼓励企业参与到数字资源建设中来。企业提供多样化资源服务，同时也可以享受相应的教育服务。积极打造数字教育资源共建共享的“云服务”模式，构建乡村地区数字教育立体化学习空间。

五、打造乡村数字教育加速器，构建数字资源高效管理模式

数字教育资源作为解决教育公平和教育均衡发展问题的有效手段，打造终身教育资源库受到了各级政府与教育部门的高度重视。强化对数字教育资源的监督与管理是完善乡村数字教育资源服务体系的必要

举措，通过对乡村数字教育资源监督、管理、评价与反馈等环节的完善，能够助力数字教育的进一步发展。当前，我国乡村数字教育资源公共服务体系已基本建成，各平台互联互通逐步实现，资源建设的数量和形态也不断丰富。

[典型案例]

中国移动智慧家庭运营中心以5G智慧阅读助力乡村数字教育

2021年10月，中国移动智能家居业务中心产品部门与中国移动贵州分公司、六枝县分公司、贵州省六盘水市六枝特区牛场乡华康居委会共同举办了“乡村振兴，教育同行”活动。全村共有126个住户，533位村民，其中80位属于农村低保家庭，13位是留守儿童。在活动中，小朋友们获得了员工捐赠的640册书籍，亲身体验了电视、手机、教辅等多种终端连接、多屏幕分享的数智化家庭教育场景，参加了大小屏互动的趣味知识竞赛。中国移动智能家庭运营中心将优质教育资源转移到牛场乡，将牛场乡的家庭教育集成解决方案引入农村，推动教育新型基础设施建设。在华康社区建立“家庭教育样板房”，推动“数字教育”新基建，让农村儿童的学习和生活变得更加快乐！

同年11月，中国移动智能家居服务中心在江西省吉安市永丰县石马镇两所小学举办了“乡村振兴，教育同行——书送未来”的爱心公益活动，为农村儿童募集书籍3000余本，并设置中英文智慧爱心图书角，切实提高乡村学生阅读量。

（资料来源：《破解乡村教育难题，中国移动智慧家庭运营中心带他们看诗和远方》，搜狐网。）

中国移动智能家居运营中心发挥了央企的社会责任与担当，将“5G智慧阅读”与线上、线下的力量结合起来，为农村地区的孩子们提供了“5G智慧阅读”，这不但能有效地弥补农村地区儿童缺少课外图书的不足，同时也拓展了优质教育资源的共享，让本地的学校都能享受到移动网络与终端技术的发展成果，从而有效地解决了农村数字教育资源的不平衡问题。

与此同时，日益激增的数字教育资源也给乡村数字教育的管理服务带来了现实挑战。首先，要加强顶层设计，明确平台用户管理、资源管理和服务管理，积极探索乡村数字资源建设的相关准入标准，严厉打击不当行为。其次，完善乡村数字教育资源建设和应用的评价环节，丰富评价主体，健全评价方式，实行全过程性数字动态评价。再次，要健全数字教育资源应用反馈制度，畅通多元主体反馈渠道，加强数字资源质量监管。最后，要基于先进科学技术践行数字教育资源的智能管理方式，将数据治理的思维模式用于乡村地区数字教育的资源管理和资源服务中，运用大数据实时监控数字教学过程，基于信息技术建立智能数据库，对数字教育资源使用状态实行持续化个性化追踪服务。

六、扩充乡村数字教育支撑架，提升数字资源外部保障力度

乡村数字教育资源公共服务体系的建设和发展是一项庞大而复杂的系统工程，既需要国家顶层的政策作为支持，也需要先进的创新的技术作为支撑。一直以来，我国高度重视数字化教育发展，国家出台了一系列政策制度和法律法规，各级地方政府也不断提出具体执行措施。政府在政策上和财政上的支持保障极大推进了乡村优质数字教育资源的建设步伐，一方面以知识产权保护制度来

保证参与者的权益，调动资源提供者的积极性、主动性；另一方面，通过完善数字教育资源建设标准，保证区域之间建设平台和资源质量的相对统一，从而推动平台互动和资源共享，实现数字资源可持续发展。在技术支撑上，移动互联网、物联网、云计算、大数据、虚拟仿真等智能技术为数字教育资源的建设和发展提供了更多可能性。正如新冠肺炎疫情防控期间，我国依托智能技术开通国家中小学网络云平台，能同时支持1.8亿中小学生在线学习。数字技术成为数字教育的基础，主要体现在它能自动聚集资源、动态更新资源、个性化推送优质资源等功能上，快速打破传统资源共享的壁垒，有效实现数字资源应用的效率提高与模式升级。因此，我国目前数字教育资源服务的显著成绩离不开良好的政策保障和技术支持。

［典型案例］

河北省唐山市滦南县开展“空中教学研学”活动，共享优质数字化教学资源

滦南县近年来大力推进农村学校校园信息化建设工程，不断更新升级信息技术装备，将先进信息技术与课堂内外各项活动创新融合。一是建立一支精确的领导队伍，做好政策的支持。唐山市教育局发布了《2020年教育信息化工作要点》，根据农村幼教、小学、初中、高中等各个阶段的不同特征和需要，制定了较为详细的规划。同时，还设立了“空中教研学”工作领导小组，为学校的信息化工作提供了有力的政策和制度保证。二是加大对智能教学设备的投资，建立信息化教学平台。滦南县教育局加大了对教育信息化的投入，制定了相应的资金保障方案，确保了教育信息化的顺利进行。目前，滦南全县中小学的电脑教室已全部改造、达标，农村中小学的智能化教学设备已全部到位。滦南县还购买、安装了“网上教学科研平台”“云录播管理平台”“教师在线教育平台”，进行了“智慧课堂”的实践。三是促进全县农村教育的发展。滦南县把信息化技术应用于学校教学实际，有效地促进了城乡间优质教育资源的流动与共享，使全县的教学质量与教育水平都得到了显著提高。新冠肺炎疫情防控期间，滦南县教育局从全县各地挑选出最好的老师，组建了一支高水准的“云课堂”教学队伍，并利用“微课轻松录”及“名师直播支持服务”等，向紧张备战高考的高三学子提供远程辅导。河北省唐山市滦南县在持续巩固信息化基础上，充分调动优秀教师参与教育资源建设，打破了传统的时间和空间局限，实现了师生之间的优质教育资源共享。

（资料来源 :《河北唐山 : 空中教研学平台，共享优质教育资源》，学习强国。）

乡村数字教育政策设计对数字乡村建设具有持续影响力。一是完善乡村数字教育建设的相关制度，是强化数字乡村建设进程的政策保障。出台全面推进乡村数字教育发展的政策文件，为数字乡村建设落地扎根提供了完善的政策保障体系。二是建立数字乡村建设的智能化决策机制，能够推动数字乡村建设决策由经验驱动向数据驱动转变。实施数字乡村建设的“大数据分析行动计划”“数据共享行动计划”“可视化决策咨询行动计划”与“安全与伦理风险防控行动计划”等，可为数字乡村建设营造智治的大环境与新生态。

此外，高效运转的资源公共服务平台是实现乡村数字教育的必要前提和必由之路，建设资源公共服务平台，既能拓宽乡村数字教育的发展空间，又能助力于乡村教育振兴。一是要实现乡村信息化资源平台有效接入省级和国家级资源服务体系，做到信息互通，资源共享。通过有机连接各级各类服务平台，有效规范资源接入、资源服务、在线教育教学等活动，实现对学校、教师、班级空间、班级成员的网络管理。二是进一步深化教育平台的资源服务功能，实现平台功能的增加、细化和升级，提高数字教育资源建设平台的服务水平。同时，升级数字资源搜索引擎，通过平台快速有效地为师生提供海量的优质资源和精准化的资源服务。三是加大乡村数字教育资源公共服务平台的培训力度，尤其是针对农村教育工作者进行数字化、信息技能化的培训。四是探索新型智能技术在数字资源建设平台中的作用发挥，开发功能完善的业务应用平台，为广大师生创建优质的个人学习空间。

第二节 建设乡村数字教育智慧校园，浇筑乡村教育振兴数字堡垒

数字化校园是指利用信息化技术对学校各项工作进行全面整合，即“数字化校园＝数字技术＋学校各项工作”。数字化校园以教师、学生及学校管理人员为主体，以课堂教学内容、校园管理与服务、教师科研为主要内容，通过校园数字化实现资源高度共享、信息高速流动，能够为校内课堂和校外课程延续提供数字化虚拟教育环境。数字化校园是一个层次化的结构，根据功能及其架构进行划分，包括网络基础设施、网络基本服务、应用支撑系统、信息服务系统以及虚拟校园这五个层次。五个层次相互配合，相互影响，构成了集用户管理、资源管理和权限控制于一体的数字化系统，通过组织和业务流程再造，推

动学校进行制度创新、管理创新，实现教育信息化、决策科学化和管理规范化，促进数字化校园在学习、生活中的各种应用。数字化校园建设往往通过高科技手段和信息技术为教师、学生、管理与服务人员等提供数字化平台，如教师备课、教学与课后习题发布和检阅、学生课内外学习、管理类的电子化平台、服务领域的门禁管理、校园卡管理等，并通过计算机技术、网络技术以及科学规范的管理对校园内的教学、科研、管理和生活服务有关的所有信息资源进行整合，采取集成和全面数字化管理方式。数字化校园的功能包括：一是综合信息服务。校园数字化系统可以通过校内信息门户提供综合信息服务，如校园公开信息发布、教职工电子邮箱使用、文件传输等信息服务功能。二是公共数据资源共享。建立数字化校园能够通过学校信息化教学系统等实现各个地区与学校之间的数据交换与共享。三是统一数据化系统。校园管理一卡通系统、图书管理系统、学生综合管理系统等数字化平台能够对数据做集中式处理，减少烦琐的文本传输步骤，提高办事效率和办事速度。

一、健全智慧校园制度体系，完善校园运行总体框架

在国家教育行业信息化的政策背景下，数字化校园建设对校园制度体系提出了更高的要求，因此，许多学校开始拟定适应学校发展的数字化校园发展规划和完善的规章制度，以确保数字化校园的顺利建设及其应用，完善校园运行总体框架。乡村地区部分学校在初步建立数字化校园阶段，结合自身的实际需求采取行动，并取得了一定的成效：在整合现有资源的前提下，借鉴其他地区数字化校园建设经验，研究与制定适合自身的数字化校园建设方案，并且针对自身发展现状制定校园内部数字化系统的操作规范，针对教师、管理人员及家长在应用

数字化信息系统时遇见的问题进行研究分析，发布了对应的操作手册，极大提高了数字化资源的使用水平和数字化校园建设工作的管理水平。

[典型案例]

滨城区北城受田小学——全省乡村温馨校园建设典型案例学校

近年来，滨城区北城受田小学结合学校的实际情况和特色，积极创造发展条件，全力打造滨北教育“一校一品”的特色名片。北城受田小学以“双减政策”、学校课程体系构建及校园“星级评价”等方面为重点，大力推进数字化校园建设，致力于打造属于滨城区自身的教育品牌，其在健全智慧校园制度体系完善方面采取了以下几点做法：

一是严格执行生产常规精细化管控，以降本增效助力“双降”政策落地。为贯彻落实“双减”政策和“五管”相关要求，北城受田小学全面贯彻了教育部的教育管理常规及相关要求，进一步强化教育常规管理和精细化管理，并通过优化教学，完善学校管理制度等手段来全面提升学校的教育现代化水平，为学生“减负增效”。二是开发本校特色课程，构建“育全人”的课程体系。北城受田小学在认真落实国家和地方课程的前提下，积极开发本校特色课程，为学生全面成长搭建具有特色的育人平台，同时也开展电影主题课程、举办“自助餐”社团活动及创建足球特色校园活动等来助力育人平台的发展。三是实施校园“星级评价”，促进学校多样化发展。学校以课堂发展状况作为教职工综合量化考评标准，并运用《北城受田小学星级评价实施办法》，充分调动学生和教师的课堂积极性。通过以“星级评价”为载体，采取多元多样化的管理手段和方式，不断发掘每个学生身上的潜力，从而使整个学校得到全方位的健康发展。

正是滨城区北城受田小学高度重视数字化校园建设工作，从优化政策规划、开发特色课程体系、健全校园规章制度等方面入手，全力推进数字化校园建设，并着力打造适合于学生和教师的温馨校园环境，才使其成了全省乡村温馨校园建设典型案例学校。

（资料来源：《滨城区北城受田小学：缘何成为全省乡村温馨校园建设典型案例学校》，滨州网。）

二、完善智慧校园软硬设施，引进数字教学微观平台

为了实现数字化校园建设，在国家和地方财政部门的财政支持下，部分乡村地区学校积极改善落后的基础设施建设，站在长远发展的教育视角，把数字化校园建设作为改变传统教育模式、打造数字化教育环境的重要方式，有计划地将学校教育经费转向数字化校园建设领域，重视建设数字化软件环境和购置硬件设施设备，加大在软硬件设施设备方面的资金投入，全力提升校园信息化资源发展水平，同时提高数字化资源系统应用水平，加强资源的利用和共享，为教学、管理与服务搭建数字教学微观平台。

[典型案例]

云梦县伍洛镇中心小学——打造乡村特色信息化名校

云梦县伍洛镇中心小学位于湖北省云梦县伍洛镇伍洛村，该校坚持全面实施素质教育的方针，不断推进文化教育工作，努力提升学生整体文化素养及教职工职业道德，不断探索在数字化校园建设方面的发展之路。近年来，云梦县伍洛镇中心小学致力于打造乡村特色信息化名校，其数字化校园应用场景案例，同时具备了软硬件设施设备的条件，其在软件、硬件设施设备两方面的应用如下：

一方面，在软件设施设备上，加大信息化应用力度，使当地文化特色和信息化相互融合，并为数字化校园建设注入源源不断的动力。伍洛镇中心小学为打造“健雅”少年的名校形象，以现有信息化技术手段为依托，开展系统的“雅培”教育培训活动，为学生终身发展打下良好基础。其中，“健康向上”少年活动通过校园数字化网络平台、校园广播站等平台开展，利用多媒体、希沃白板等信息化工具进行宣传普及。另一方面，在硬件设施设备上，完善校园网络基础设施建设，打造技术先进、覆盖面广、安全性强、渠道完善、功能齐全的校园网络环境。除此之外，1000M 光纤进校到班是伍洛镇中心小学数字化校园建设的一大重要举措，不仅实现了无线网络在校园的全覆盖，而且使宽带网络能够满足广大师生在教学方面的需求，为其高质量、数字化、信息化的教学提供技术支撑力。

伍洛镇中心小学后续在数字化校园建设的过程中，要顺应新形势的要求，不断完善在教育信息化方面的软件设施设备建设，同时积极加强基础设施等硬件设施设备的建设，努力营造良好的数字化网络环境和现实环境，打造高效的数字教学微观平台，才能为实现学生健康成长、教师高效教学、管理人员全方位管理打下坚实的基础，为后续数字化校园建设助力。

（资料来源：《健与身心 雅与言行 打造乡村特色信息化名校——伍洛镇中心小学 数字化校园应用场景案例》，孝感教育云平台。）

三、统一智慧校园建设标准，缩小数字水平横向差异

2022 年 1 月 26 日，十部门印发了《数字乡村发展行动计划（2022—2025 年）》，文件对数字化教育提出了一些要求和建议，如“继续夯实农村地区教育信息化基础，协同推进教育专网建设”“加快推动农村地区学校数字校园建设”等，都是针对加强乡村数字化校园建设提出的意见和实施方向，但并未建立统一的实施标准，如对于购买和提供的数字化教育资源类型、数字化系统建设的实际内容、数字资源使用与更新周期等这几类问题都没有出台可量化的规定和标准，所以当前乡村数字化校园建设的质量与发展水平存在参差不齐的现象，部分发达乡村地区资金投入多、政策支持力度大，数字化设施设备与技术应用人员配置也比较齐全，而部分地区的数字化校园建设则存在资源更新速度慢、周期长、资源库链接数量少、软件开发与应用不足等问题。

为解决这一问题，应加强数字化校园建设力度，加大资源和人才投入。完整的数字化校园建设包括软硬件两个部分，例如需要建设学校网络基础设施、校园网数据中心、多媒体课教室系统等硬件部分以及配置网络教育系统、校园管理和服务系统等软件设备，这些数字化校园建设和应用对技术和资金有着较高的要求。首先，从学校的角度

来看，需要学校在引入软件设施的同时增加硬件设施设备，并且要重视完善校园网络的管理和更新，建立统一的智慧校园建设标准。可以通过引进专业技术人员对教师进行信息技术培训，以及试听公开课、课后交流、以活动促技能等方式培养兼具学科知识教学技能和技术专业技能的教师，实现“以一带十”的专业教学传授模式。其次，从地方的角度来看，政府应该加大乡村地区数字化校园建设的力度，加大资金投入和政策支持，可以通过单独划拨出专项资金以供学校数字化建设、维护和使用，推动学校加强与企业在数字化校园建设方面的合作，以期获得企业的资金、设备和技术支持，只有在资金充足、资源充分的条件下，学校才能够不遗余力地打造数字化校园，提高乡村学校数字化水平，缩小数字水平横向差异。

四、开发智慧校园延伸渠道，提高校内资源利用效率

当前，部分乡村地区存在着经济发展水平相对落后、师资力量不足、学生接受数字化信息能力相对较弱等问题，这导致学校应用数字化手段不够熟练、数字化资源使用效率低。一方面，在部分欠发达的乡村地区，当地学校在数字化校园建设前期注重资金和资源投入，但是在后期却忽视了数字化系统和数字化资源的使用效率，对数字化资源利用程度不足，应用过程中没有发挥其最大效用，“重建设轻应用”的现象普遍存在；另一方面，乡村校园设置信息技术相关课程的经验和信息技术相关知识普及力度和范围不足，许多学生对“电子娱乐类”内容——游戏、网络视频及网络平台等十分感兴趣，缺乏对基础类的计算机应用知识、数字化知识等的了解和应用。

针对数字化资源利用率不高的问题，要不断完善数字化校园系统、拓宽智慧校园延伸渠道及培育专业技术人员。首先，数字化校园系统

通常包括网络基础层、知识库和信息库支撑层、信息服务层以及校园门户等多个结构，不同结构的运作方式和系统维护往往需要专业技术人员对数字化系统进行操作。其次，培养专业技术人员，不断增强数字化系统维护能力。专业技术人员的配备能为数字化校园的发展提供人力、智力支持，除此之外，专业技术人员对数字化校园系统的建设和完善至关重要。最后，开发智慧校园延伸渠道。通过不断拓宽智慧校园的延伸渠道，能够使学校、教师各主体充分利用不同渠道的效用，完善教师的信息技术应用能力，营造乡村学校浓厚的科技性学习和数字化技术应用的氛围，从而提高校内数字化资源的利用效率。

五、强化智慧校园应用导向，提升学生实际操作能力

乡村地区数字化校园建设能够缩小城乡教育水平之间的差距，为学生、教师及学校管理和服务人员提供“教与学”资源管理和共享平台，推动素质教育发展。在数字化校园建设过程中，不仅要重视培养学校的推动实施意识、教师的应用意识，同时也要提高学生的信息技术应用水平。

首先，应该开设信息技术理论与应用类课程，优化智慧校园课程设计，将信息技术理论与应用类课程作为学生的必修课程来贯彻，针对小学、初中及高中不同年级开设不同难度、不同层次的理论与应用类课程。在学生基本掌握数字化技术和使用信息技术知识后，一方面他们能更容易适应和接受数字化校园改造与建设发生的相应变化，能更好地了解数字化技术和数字化教学的内容。另一方面学生能够提高的实际应用能力，改变传统的由教师借助数字化技术向学生传授知识的单一教学方法，真正提高学生的学习能力和学习水平。除此之外，在信息技术应用类课程中设置学生与教师互动环节，通过提问、知识

竞赛等环节来丰富数字化技术相关内容的输入途径，通过抢答、有奖竞答等形式来拓宽学生的输出方式，以学生和教师两大主体为核心，从根本上化解数字化得不到应用的难题，从而提高乡村校园数字化应用水平。

其次，创新数字化建设宣传方式，增强数字技术应用意识。在乡村地区数字化校园建设中，许多学校还没有完全认识到数字化校园建设的重要程度，因此在使用数字化系统和数字化资源时存在应用不足的现象。应该更加注重宣传教育建设数字化校园的重要性和必要性，一方面可以从数字化校园建设的宏观主体逐渐渗透至微观主体，即从数字化校园建设相关政策的发布与实施到地方对数字化校园建设的支持，再到农村学校对数字化系统及资源的重视和应用，加大数字化校园建设宣传力度，尤其应该加强校内教师对数字化技术应用的普及，对其数字化技术应用、信息类资源使用等能力进行培训和提高，还可以通过具体可量化的评分指标对教师使用信息化资源的程度进行评比，从根本上加强教师的数字化使用意识，打破“重建设轻使用”的数字化校园建设现实困境，提高数字化资源使用效率，提高教师应用数字化资源和系统的意识和水平，真正把数字化建设落到实处，从而提高教师和学校的教育水平。除此之外，还应增强学生在数字化使用方面的输出意识。学生作为受众主体，应自觉接纳并了解数字化建设宣传的内容，打破传统的学习观念，努力学习信息技术知识，并在学习过程中加以应用以增强数字技术应用意识。

第三节　培育乡村数字教育从业人员，打造乡村教育振兴数字砥柱

乡村教育事业未来的发展大方向就是数字化、信息化。乡村教育

要实现数字化，归根到底要从教师这一实施教育的主体做起，不断提升教师的信息知识水平和技术应用能力。因此针对教师进行信息化知识和信息技术应用能力培训，培育现代信息化社会所需要的乡村教育从业人员，进一步加强乡村教师队伍数字能力建设，是促进乡村教育事业数字化发展的重要举措。

2018 年 2 月，教育部、国家发展改革委、财政部等部委印发了《教师教育振兴行动计划（2018—2022 年）》，指出要“改善教师培养供给，建立健全乡村教师成长发展的支持服务体系，高质量开展乡村教师全员培训”。2022 年 2 月，教育部印发了《教育部 2022 年工作要点》，强调实施教育数字化战略行动，随后陆续发布该要点的一系列配套政策，将教师作为教育发展的第一资源，全方位深化新时代教师队伍建设改革，打造高质量教师发展体系，推进教师管理综合改革。2022 年 3 月，中央网信办、教育部等四部门联合印发《2022 年提升全民数字素养与技能工作要点》，提出要促进全民终身数字学习，全方位提升学校数字教育教学水平，完善数字技能职业教育培训体系。

党和政府对乡村教育事业极为重视，众多举措的出台也反映出乡村教师这一主体的信息技术应用能力在乡村教育振兴中应发挥的重要作用。因此，当前之重点应是在世界大变局之中，通过对前路不断进行回顾总结，以更好的发展理念和前进姿态奋力探索如何深化完善乡村数字教育从业人员培训，在数字化改革进程中助推乡村教育振兴。

一、架设城乡数字教育研学桥梁，弥合城乡教师数字能力鸿沟

改革开放以来，国民经济得到快速发展的同时，发展不平衡现象也日益凸显。其中十分突出的问题就是城乡发展不平衡，主要包括基础设施不平衡、居民收入和居民身份不平衡，这也导致了城乡之间存

在显著的数字鸿沟，其反映到教育事业上，主要体现在技术设备短缺和应用能力不足两个方面。数字信息技术在乡村教育事业上的应用不仅在一定程度上缓解了乡村教育师资力量不足的问题，更是为乡村教师的自身发展赋予了新的内涵。面对教育事业走向数字化、信息化的发展趋势，信息技术不仅有助于提高乡村教师的教学水平，以更加便捷直观全面的方式进行教学，还有利于乡村教师进行终身学习，不断吸收新的教学方法和知识来提升自己的综合素质。信息时代的乡村教师不仅是知识的传授者，更是信息技术的应用者、个性化学习的引导者和数字信息的分析者。城市教育事业的信息技术应用无论是在技术设备方面还是能力培训方面都积攒了大量的经验，有着成熟的应用模式。城乡协同发展不仅仅要体现在经济上，也要体现在社会发展的各个方面，通过搭建城乡数字教育的研学桥梁，充分发挥城市教育事业的自身优势，帮扶乡村教育事业的数字化信息化发展，是协调城乡发展、弥合城乡数字鸿沟的重要手段。

首先，要针对乡村教师发展特点并结合信息技术构建数字化教育服务平台。乡村教师由于自身职业的特殊性，需要牢固树立终身学习的意识，不断通过各种方法途径发展完善自己的知识结构，提升自己的能力水平。现代信息技术的应用具有快速广泛的特性，不受时空的限制且容量大、读取便捷。因此，可以通过构建乡村教师数字化教育服务平台，将在线学习、集中培训和经验分享等各种方式结合在一起，为乡村教师提供移动便捷化、连续持久化、服务智能化以及个性特色化的学习交流在线服务。乡村教师通过此平台可以获得和城市教师同质的学习资料和能力培训，并通过与城市教师的在线交流不断提升自己的应用能力。

其次，要针对乡村教师发展资源不足和提升渠道短缺的问题构建教研共同体。在信息化时代，乡村教育事业要以数字化资源为视角，在城市与乡村之间、学校与学校之间搭建信息化教研合作的桥梁，充分利用信息技术构建资源共享交流合作的教学和研究共同体。在诸多地区范围内开展信息技术和学科教学深度融合的专项教研活动，通过理论学习和各种实践方式不断提高乡村教师信息化技术的应用能力。比如由多家国内师范大学和基金会发起的“云桥学院”项目，通过利用互联网云端技术，将来自全国各地的中小学乡村教师和师范大学生连结在一起，共同学习教育信息化的政策和理念，将信息化融入日常的教学实践当中，形成乡村教师和师范大学生职前职后的学习交流、合作互助的教研共同体，携手进步助推新时代教师队伍的发展建设。

最后，要发挥党和政府在城乡教育协同发展之中的整合指挥和政策设计作用。在搭建城乡数字教育研学桥梁的过程中，针对城乡学校之间，以及不同学校之间的沟通交流，要制定与之相匹配的支持和规范政策。针对乡村基础设施建设不完善的情况，给予相应的财政支持，夯实信息化教育基础。开展定期学习交流活动，鼓励城市的优秀教师传授交流信息化教育的经验技巧。合理布局、科学指导跨地区教育帮扶，不断深化创新多地区教育数字化、信息化联动培训机制，为实现城乡教学事业协同发展保驾护航。

[典型案例]

湖北省恩施土家族苗族自治州恩施市以信息化城乡协同教研来促进城乡教育共同进步

湖北省恩施市针对乡村小规模学校自身力量不足难以有效开展学校教研活动的问题，充分利用互联网信息技术，构建城乡协同的教研共同体，探索城乡教育共同进步的新道路。对此开展了三项主要举措，第一个举措是创建了覆盖所有村级学校的“恩施市互动录播平台”，以各乡镇的中心学校为核心成立学科中心教研组，定期开展网络教研活动；第二个举措是建立了以开展混合式教研活动为主的教研共同体，其包含城乡不同层次的教师，基于互联网开展乡村小规模学校连片的混合式教研活动的探索和实践活动；第三个举措是依靠现代信息技术开展“掌上教研”，通过建立微信群、QQ 群，与来自全国各地的优秀教师和高校的专家学者开展交流学习。通过互联网信息技术进行城乡教师的协同教研，充分利用了城市的优秀教学资源，有效地帮扶了乡村学校的教学工作。

（资料来源：《“互联网 +”教研，促进乡村教师专业成长》，光明日报。）

二、发挥社会组织公益帮扶效能，拓宽乡村教师知识培训渠道

我国广阔的地理环境和不平衡的经济发展状况，导致单纯通过政府支持无法全面供给乡村教师信息技术知识能力的发展需求，第三部门和富有社会责任的企业作为一股蓬勃兴起的新鲜力量，成为乡村教育发展过程中不容忽视的一部分。互联网企业、慈善组织和教育组织依托自己的独特优势，通过提供物资、技术和资金支持，开展了多种多样的助教行动。这些社会组织在履行自己社会责任的同时，也有效地参与到我国乡村教育事业的发展之中，助力乡村教育振兴。这其中主要演变出了两种模式，第一种是互联网企业依托自身的技术优势，通过构建培训平台帮助乡村教师学习提升信息技术应用能力；第二种是企业和慈善组织联合，为乡村数字化教育提供资金支持，探索乡村教师信息技术应用能力发展的新模式。

[典型案例]

“数字化课堂”公益项目

中国扶贫基金会携手百胜中国和立乐教育自2019年起开始探索“互联网+人工智能教育普及”的新公益模式。随着互联网信息技术的飞速发展，计算机编程能力在教育事业中的重要性越来越大，但是乡村学校的编程能力教育仍存在很大的短板。为此，该公益模式通过捐赠电脑、配备电教室和采用远程授课模式，让学生们体验到数字化教育的同时，为乡村教师提供远程编程能力培训。通过试点，参与项目的师生数字化能力有了显著提升，2021年该项目正式启动，首期活动在全国约150所学校开展。未来该项目将拓展到更多偏远地区，通过数字化赋能乡村教育事业，助力乡村振兴。

（资料来源：《“数字化课堂”助力乡村教育》，农民日报。）

由于自身行为的公共性和公益性，这些社会组织极大地拓宽了乡村教师知识培训和能力提升的渠道，是乡村教育数字化过程中不可或缺的重要力量，为此应充分发挥社会组织在乡村教育事业中的补充作用。

首先，要做到“广播种”。鼓励各种社会组织开展公益活动，充分发挥社会组织的积极性，提高其在深入乡村教师信息技术能力培训过程中的参与度和存在感。同时根据不同类型社会组织的自身特点，各取所长各尽所能，在不同方面发挥作用。以技术见长的互联网企业可以充分利用自己的技术优势，构建知识学习和能力提升的培训交流平台，为乡村教师提供便捷的学习工具；资金雄厚的社会组织可以通过提供各种物质保障，包括数字化校舍建设、数字化工具提供等，完善乡村教师信息化水平提高的基础条件；第三部门可以发挥自己的影响力，加大宣传力度，联合各种力量，为其他社会组织的参与创造机会。

其次，要做到“选好苗”。社会组织在发挥其不可替代作用的同时也会存在一定的不良行为，例如个别企业以盈利为目的会影响活动开展的公益性和纯粹性；个别慈善组织在资金的筹集、使用和调配时存在不规范不透明操作，这势必会影响资金的使用效率和捐赠者的捐赠热情。这些客观存在的问题需要加以重视,要做好社会组织的资格审查，社会组织参与到乡村教育数字化建设之前，要根据其目的进行不同的审核，让合格合规的社会组织参与其中，保证参与主体的纯洁性；要加大对参与主体行为的监督检查，对于有益的行为加以赞赏推广，对存在问题和争议的行为则需要警告改正。

最后，要做到“重培育”。社会组织在开展公益教育事业时，政府部门要采取相应措施以保障其项目顺利开展，提供一定的便利条件如简化审批流程和减免相应税费。遇到困难要快速解决妥善处理，形成一套成熟完善的公益项目运作管理机制，确保社会组织的公益行为能够真正惠及全民。

三、注重内生外引培训力量并举，引导乡村教师自我提升技能

为了提升乡村教师的信息技术应用能力，可以从内生和外引两个方面来发力，共同保障乡村教师信息技术知识学习和应用能力的培训。其中关键一环是要深层次激发乡村教师学习提高的内生动力，同时要充分利用城市教育事业成熟的技术体制和资源优势，来拉动乡村教师自发自主地学习应用信息技术,真正实现从依靠“输血”到自主“造血”的根本性转变，适应信息化时代教育事业的发展要求。

首先要以内生为本，激活乡村教育主体学习应用信息技术的主观意愿，这主要包括两个主体，校长和教师。第一步是要建立校长对于教育数字化信息化的正确认识。校长在学校教育数字化信息化建设过程中发挥着决定性作用，校长制定学校信息化发展规划和推进教学模式信息化改革，是乡村学校进行信息化建设的先决条件和必由之路。因此校长需要逐步转变自己对于数字化信息化教育的认知，不断了解学习最新的教育改革政策和理念，致力于提升自己的信息化素养和见识，积极学习借鉴其他学校的优秀模式和先进经验，充分利用互联网提供丰富的教学资源，结合现实情况制定适合本校信息化发展的建设方案，为教师学习提升信息化教学能力打下坚实基础。第二步是要激发乡村教师自身对于学习信息化知识提升应用能力的内在驱动力。教师在乡村教育事业的数字化信息化过程中发挥着不可替代的关键作用。乡村教师对于信息化改革普遍认可度是较高的，信息化技术不仅便利了课堂教学，也为教师提升自身素质能力提供了更多渠道，但是新事物的普及总需要一定的时间，部分教师不愿意、用不好信息技术的根源，在于缺乏前进向上的动力和对于未知陌生领域的畏惧懒惰心理。因此，要帮助乡村教师充分了解到信息化技术的优势所在，帮助他们逐步转变思想主动接触学习信息化知识和技能。教师发展的过程是动态的、持续的，面对日新月异的信息技术，乡村教师要不断丰富自己的知识面，拓展自己的能力网，勇于跳出不思进取的舒适圈，树立终身学习进步的积极思想。

其次要以外引为盾，构建均衡完善的信息化建设环境和可靠有效的技术资源条件。乡村教育事业信息化数字化的第一步就是完善信息化基础设施建设，由于不平衡的城乡发展，乡村地区信息化基础设施的建设还十分薄弱，这对于信息化教学开展和教师学习积极性都是一大阻力，尽管近年来政府加大了物资支持力度，信息化基础设施环境有所改善，但是随着经济和科技的飞速发展，现有的信息化设备和网络条件，以及滞后的技术水平，都极大地限制了乡村教师提升自身信息化应用能力。因此，第一步要确保乡村学校的硬件建设落到实处，保证以有限的资金投入获得最大的建设效益。及时更新信息化设备，紧跟时代发展的脚步。同时要搞好常规教育技术工作，培育信息化设备使用和维修专业人才，然后尽可能地加强网络教室、互联网、计算机等多媒体教学设备和设施的建设。第二步要充分完善学校软件资源的建设，广泛吸收借鉴其他学校先进的教学改革经验，按各学科实际需求组织相应的学科团队建设，不断丰富和拓展教学资源，开展具有自身特色的教学模式，从而使教师教育信息技术应用能力进一步提升。

四、健全培训效能追踪评价体系，巩固乡村教师常长学习效果

健全乡村教师信息技术应用能力培训效果评价体系主要有两方面的作用：一是科学衡量和评判培训是否已经达到相关目的；二是检查和分析培训工作的不足之处，以便今后进行改善和提升培训效果。对于乡村教师培训效能的评价需要将培训成果评价和后期追踪评价相结合。培训成果评价主要着眼于结课后教师知识能力的提升水平，是短期直观的衡量考核手段。后期跟踪评价是针对培训后教师的实践应用能力效果，是长期潜在的评价方式，可以广泛利用信息技术途径为学员提供各种服务支持和跟踪调查，做出进一步的评价，从而不断扩大培训影响，增强培训效果。

首先，要完善培训考核制度。对参培教师实行必要的合理的激励机制，如评优评先、升职加薪，做到物质激励和精神激励相结合，有效增强乡村教师的参与积极性。同时培训结果评价不能以一次简单的结业考试或一个分数为终结，而应采取多样化的评价手段。传统的写

学习心得体会、理论知识考查、课堂满意度调研等方式虽然重要，但学员培训过程中的综合表现、主讲教师对学员学习情况的评价、各小组成员内部之间的互相评价等方式也必不可少。采取多元主体、多种方式、涉及各个方面进行系统全面的评价，客观真实反映受训教师的培训成果。一个合格的考核制度首先应充分反映受训人员的培训效果，根据其反映得到普遍提高的方面，加以保持推广，根据其反映呈现普遍不足的方面，则要加以反思修改，进而不断完善培训制度。合格的培训考核制度还能体现效果的区分度，充分发挥其激励提升作用，对于优秀的成员给予肯定鼓励，对于表现不佳的成员给予警醒鞭策。

其次，要加强后期追踪评价。衡量乡村教师信息化技术应用培训效果，最终还是要通过其在日常教学实践中所体现的教学素养和教学方法来评价。有些教师学习能力很强，训后考核取得了优异成绩，但是实际操作能力欠缺，导致其教学的信息化能力提升效果有限；同样，有些教师可能在训后考核表现不佳，但是其在后期的教学实践中不断学习不断提高，最终信息化技术应用水平达到了一个较高的程度。这说明仅靠短期的评价既是不全面也是不科学的，因此，需要通过设计合理、针对性的培训与支持服务，对乡村教师进行信息技术应用能力的回访追踪评价，从而实现能力培训效果的精准反馈。这样既可推动信息技术应用能力培训做出修正完善，又可促使教师步入信息技术应用的熟练融合阶段，使培训取得实效。后期的追踪评价应该根据知识技术自身特点来加以区分，针对基础性的知识技术可以设置间隔时期较长的追踪方案；针对具有即时性、变化迭代较快的知识技术则需要缩短追踪考核的间隔时间。最后根据追踪评价成果，有针对性地进行能力巩固和提升，确保乡村教师可以进行经常性的学习并且保持长期的培训效果。

第三章
良医良治：为健康乡村建设织就数字网络

2021年《中共中央 国务院关于全面推进乡村振兴加快农业农村现代化的意见》提出：要全面推进健康乡村建设，提高基层卫生服务水平。2022年《中共中央 国务院关于做好2022年全面推进乡村振兴重点工作的意见》要求："推动农村基层定点医疗机构医保信息化建设，强化智能监控全覆盖，加强医疗保障基金监管"。2022年4月20日，中央网信办、农业农村部、国家发展改革委、工业和信息化部、国家乡村振兴局联合印发的《2022年数字乡村发展工作要点》将发展"互联网+医疗健康"纳入乡村年度重点任务当中。

乡村医疗卫生体系是三级医疗卫生服务体系的重要组成部分，推动乡村数字化医疗体系建立与完善，是乡村公共卫生服务体系建设的着力点之一，也是数字化赋能乡村公共服务的具体实践。利用数字技术为健康乡村建设织就数字网络，能够极大地提升乡村振兴所必需的公共服务体系的效率与精准性，从而改进现有的公共卫生服务体系，推动我国乡村振兴走创新发展的新道路。

第一节　强化内在能力建设，加速建设乡村数字化医疗卫生机构

互联网技术的发展推动了在线诊疗、人工智能医疗、医疗大数据、医疗云计算等方面的应用，在互联网医院、数字经济等一系列政策的支持下，我国乡村的医疗卫生机构也开始了新技术革命下的转型升级之路，利用数字技术促进乡村医疗卫生健康体系的服务和管理升级已成为主流趋势。作为健康乡村目标实现的主要载体之一，乡村医疗卫生机构的数字化建设离不开其内在能力的培养和提升。具体来看，乡村数字化医疗卫生机构的建设需要注意以下几种能力的培养：数字化服务能力、数字化诊疗能力、医疗数据共享能力和财政支撑能力。

一、坚持以人为本核心理念，提高乡村医疗机构数字化服务能力

以人为本是我国自古以来就强调的价值理念。西周强调的人本主义、儒家提出的“泛爱众”、孟子所说“君民论”……无一不诠释着以人为本这个理念的深刻内涵。2018 年 6 月 9 日，习近平总书记在十九届中央政治局第六次集体学习时的讲话中就指出：“国以民为本，社稷亦为民而立。”以人为本这个理念不仅是我国让人民当家作主的具体体现，更是我国各项工作开展必须坚持的根本指导。医院作为一个公共服务场所，更应将以人为本的理念贯彻到具体的医疗服务当中。对于医疗机构，以人为本就是要以患者的需要和利益为最根本的出发点，以患者的物质和精神需求为核心。总体而言，就是将以人为本这个核心理念融入实际的诊疗工作中，形成“以患者为中心”的服务模式以优化就诊体验。在乡村医疗卫生机构数字化建设的同时，将坚守以人为本这个核心理念融入医疗服务中，主要可以从简化就医流程和优化结算方式这两处着手。

一方面，乡村医疗卫生机构可以通过提供线上预约服务或在线诊疗服务来简化就医程序。线上预约和在线诊疗服务多借助于在线咨询企业与医疗机构的合作实现。早期“互联网 + 医疗”模式的兴起多起源于挂号业务，随着政策的放开和行业的认可，诸多企业进一步扩展其业务，如今已实现通过网站或软件渠道在线预约挂号、诊前健康咨询、诊后健康管理等功能，大大简化就医流程。比如，长兴县虹星桥镇港口村卫生服务站就配置了智慧自助终端服务系统，村民可以通过人脸识别功能进行预约挂号，也可通过终端享受健康评估、自助购药等服务。从诊疗流程来看，往常村民到医院检查血常规、凝血功能等需要等待报告单的项目时，必须等到报告打印完毕后才能继续就诊，等候时间可能长达几小时。通过智慧自助服务终端，村民检查完毕后可以直接返回村内，在终端上查询并打印检查报告，再进入自助云诊所与医生进行视频问诊，大大节省了看病的时间成本，使村民看病更快捷、更方便。

（长兴县虹星桥镇港口村卫生服务站设置了智慧自助终端服务系统，村民可以进行预约挂号、自助体检、健康评估、远程专家问诊、自助购药等服务。）

另一方面，乡村医疗卫生机构也可以通过互联网平台提供“一站式”结算服务来简化村民的看病报销手续。目前的“互联网 + 医疗健康”

战略着重加强物联网、移动网络、互联网、大数据、基因技术、人工智能技术等新技术在医疗服务过程中的应用，便捷了患者、医务人员、医疗机构之间的智能互联，许多乡村医疗卫生机构也早已开始了“一站式”结算的服务模式。比如，广东省惠州市就致力于给其辖区内的1045间村卫生站配置电脑、刷卡机等电子设备，以构建乡村医疗卫生机构之间信息互联互通的网络平台。截至2020年5月底，1045间卫生站中除了1间因位于海岛，地理条件不支持通电和通网而依旧维持着传统的报销模式，剩下的全部在村一级就提供“一站式”医保结算的模式。据不完全统计，截至2021年9月底，惠州市已有超23.2万人次享受到该医保结算模式，涉及医疗费用700.57万元。“让数据多跑路，村民少跑路”的举措有效地推进了医疗资源及患者“双下沉”，彰显了乡村公共卫生服务的公益性。

二、加深医疗机构合作探索，强化乡村医疗机构数字化诊疗能力

党的十八大以来，我国基层医疗卫生服务水平不断提升。《中国统计年鉴》显示，截至2020年底，全国50.3万个行政村共设608828个村卫生室。随着农村基层医疗卫生机构的不断健全，在乡村就医的人次也大幅度提升。据国家统计局统计数据显示，2020年，全国县级（含县级市）医院诊疗人次为11.6亿人次，基层医疗卫生机构诊疗人次为41.16亿人次。其中，乡镇卫生院诊疗人次为10.95亿人次，村卫生室诊疗人次为11.07亿人次，平均每个村卫生室年诊疗量1848人次。从数据中可以发现，目前在县、乡、村就医的人次已大体相当，在基层就医的人次甚至超出县级。村级就医率的提升除了归功于乡村医疗机构的数量众多以及巡诊派驻服务的有效实施外，数字技术在村民就医这一环节中所起的作用也不可小觑。数字医疗联合体是新时代数字化

和医疗联合体深度融合的产物，是通过数字技术科学赋能，推动多源异构医疗卫生资源高效整合，形成以满足居民多层健康需求的新型一体化健康服务网络。目前，随着互联网平台和新兴的数字技术在医疗领域的广泛应用，多个地区的乡村医疗卫生机构也依托数字化技术提供“合作式”诊疗服务，以提高村级的诊疗能力。

“合作式”诊疗服务是以互联网作为信息载体而搭建的沟通平台，目的是将优质的医疗资源下沉输送到乡村这一级。因为村民看病难、看病贵的现状，除医疗资源的数量不足、水平不均、结构失衡原因外，也有一部分原因是患者对三甲医院和专家医生的痴迷，大小病只认三甲医院，加剧了医疗资源的紧张问题和需求供给的不平衡问题，而“合作式”的诊疗服务很好地解决了这些问题，利用互联网打通医疗行业专家与村民之间的重重壁垒。比如，山东省威海市文登区为了满足村民看“专家号”这个需求，组织辖区内 5 所区直医院、16 个乡镇卫生院，并联合各大知名医院组建多种形式的医联体。通过利用互联网，开通了一个上联国内顶尖医院，下接乡村医疗卫生机构的看病绿色通道。在让村民足不出户就享受到专家看诊的同时，还能使其第一时间得到精确的诊疗和针对性的治疗，大大提高了村级的看病诊疗能力。

我国现有行政村通宽带比例达 100%，乡村及偏远地区网络覆盖逐步完善，数字基础设施建设步伐加快。各医疗卫生机构在利用数字技术开展合作探索的同时，应该注意到以下几点：首先，自主合作探索的同时要确定好责任主体。以省级医疗机构作为责任主体，以乡村医疗卫生机构为主要帮扶对象，借鉴抗击新冠肺炎疫情的成功经验，尝试建立以数字化为纽带的医疗联合体和巡诊医生制度，因地制宜，利用数字化医疗技术实现“小病不出村，大病不出省”，从而高效率解决我国乡村“缺医少药”的“老大难”问题。其次，要加强乡村医疗卫生机构数字化规范建设。2019 年 4 月 28 日，国家卫生健康委、国家中医药局联合制定了《全国基层医疗卫生机构信息化建设标准与规范（试行）》，该文件提出要从服务业务、管理业务、平台服务和信息安全这4个一级指标着手，进行基层医疗卫生机构的信息化建设。各地区也可以基于当地乡村医疗的基本现状，因地制宜地在此建设标准上展开合作，从而进行数字化的乡村医疗卫生机构建设，各地方政府可以进一步细化标准要求，从而建立全面规范的体系标准。最后，医疗卫生机构间基于数字技术的合作探索也离不开各方的支持。不仅要依靠中央政府的统一标准、统一政策、财政投入和相应的政策性金融支持，在乡村医疗体系相对薄弱的地区继续加大投入完善分级诊疗体系，同时，还可聚集企业、社会组织以及乡镇集体经济等众多民间力量，鼓励和引导他们加入乡村医疗卫生机构的数字化服务建设当中来，完善乡村医疗数字化建设所需的配套系统和基础设施。

三、破除乡村医疗信息孤岛，提升区域性医疗信息资源共享能力

大数据处理系统、云计算和物联网技术应用于各类医疗机构，为各类医疗数据的存储、管理和共享提供了新的解决方案，能有效地推动信息资源共享和系统互联互通。但是目前大部分医院的信息化联通能力还严重滞后，乡村医疗卫生机构还存在着严重的信息孤岛现象。现有的分级诊疗机制采用层级化的医疗信息传导方式，信息传递效率较低，导致医疗资源存在错配。[①] 由于区域和各医院系统的独立性，我国医疗卫生机构信息化程度仍以业务流程管理为主，大多数系统平台出于厂家系统的差异、地域的差异、信息系统技术规范不一、数据标准化的差异等方面的原因而产生不融合的现象，资源和信息难以共享实现互联。

① 王富民:《分级诊疗体系下医疗资源优化配置探索：基于大数据医疗信息共享机制》，载《中国卫生经济》，2019年第8期。

根据《全民健康信息化调查报告 2021》数据显示，乡镇卫生院信息系统覆盖率平均值为 83.67%，其中东、中、西部分别为 88.00%、76.20%、86.80%。村卫生室信息系统覆盖率东、中、西部分别为 66.60%、79.30%、77.00%。据此可知，东部地区的乡镇卫生院的信息系统建设覆盖率最高，这与优质医疗资源分配情况相吻合，此外在村卫生室层面，中西部地区的覆盖率高于东部，这与机构基数大小和加强对中西部地区医疗援助的力度有关。从数据来看，乡村医疗卫生机构想实现区域性的医疗数据联通具有一定的建设基础。但是与较高的村卫生室信息系统覆盖率相比，区域信息的联通比例仍有待加强。2021 年我国三级医院已实现区域卫生信息平台联通的比例也只有 9.1%，其他医疗卫生机构已实现的比例仅有 5.2%，且有超三成的其他医疗机构没有建立区域卫生信息平台，更不用说乡村级别的医疗卫生机构的信息联通情况。乡村医疗区域性数字化建设水平失衡导致医疗数据的沟通不畅，不仅影响患者就医体验以及医护人员的工作效率，很大程度上也会影响“基层首诊”的目标实现。对此，应主要从以下几个方面入手解决：

首先，要转变传统观念，对医疗数据的互通持开放态度。不可否认的是，有些医疗卫生机构存在本位思想，只专注于自身的数字化发展建设。当然有些医疗卫生机构可能考虑到患者的隐私保护或是患者自身的保密诉求，而比较排斥医疗信息数据的共享。但总体而言，要实现区域性医疗信息数据的联通，必然要对区域性医疗数据互联互通持一个开放态度，数字化医疗的建设势必要在业务范围内与其他医院信息系统打通共享部分数据。

其次，要加强顶层设计，尽快制定统一的医疗数据标准。受限于医疗数据长期以来非开放性、难标准化特点，一方面医生无法获得患者以往就诊的全面数据进行深度诊断，另一方面在线医疗企业获得的数据碎片化现象严重，导致所谓的大数据分析只能停留在表面。而且目前全国统一的数字化医疗系统平台尚未完全建立，各医疗卫生机构多与不同的企业合作，其所采用的信息系统以及疾病数据的标准化都存在一定的差异，这也会加剧医疗数据共享的艰难程度。故而统一标准的医疗数据的确立有助于降低数据传递的壁垒。

最后，要利用云系统完善区域医疗信息中心平台的搭建。医院信息系统与云系统的对接可以实现医院内部不同科室之间、不同医院之间甚至是跨省医疗机构之间的数据共享，以云系统为基础构建的区域性医疗数据资源平台能打破空间上的桎梏。当然在统一标准的大前提下，不仅需要保证数据的真实性和规范性，同时还要保证数据的区域间开放性和同步吸收性。与此同时，乡村医疗卫生机构在借助于统一的平台系统进行数字化建设时，也不能忘记自身的能力升级和医疗信息的交流汇总，在不断进行自我建设发展的同时享受数字化技术带来的益处，真正做到能实现大范围乃至全国共享的医院信息系统。

四、增加外部资金技术投入，增强乡村数字化医疗财政支撑能力

要加速建设乡村数字化医疗卫生机构除了让其自身坚守“以人为本”的价值理念，还离不开各项资金和技术的支持。2012 年政府在医疗卫生方面支出 7199 亿元，2021 年在卫生健康方面支出 19205 亿元，短短九年间翻了近 2.7 倍。虽然由于新冠肺炎疫情的影响，2021 年大部分是与疫情防控直接相关的公共卫生支出，但不可否认的是各级政府对医疗卫生的投资总额与过去相比有了较大的增长。不过，相对于目前村民对卫生保健的需求以及健康乡村的发展需要来说，资金投入仍显不足。

目前我国乡村公共卫生服务体系的有效运转主要依靠各级政府的

资金投入和政策支持等。虽然公共卫生方面的财政支出有所增加，但相比其他项目其总量依旧难以满足现有需求。技术与资金上的投入不足，不仅会造成乡村在医疗资源总量上的缺乏，还容易导致乡村医疗资源结构配置和布局的不合理，在阻挠城乡发展平衡的同时也无法回应乡村社会对于公共卫生服务的需求，更难以实现乡村医疗卫生机构数字化建设全覆盖目标，光靠政府财政拨款远不足以支撑现有的乡村医疗卫生机构的数字化发展需要，故而需要增加外部资金技术投入以强化财政兜底性支撑保障能力。不少地区都与以阿里、腾讯、百度为代表的互联网巨头展开合作进行乡村医疗卫生机构的数字化建设。比如，桂林银行桂林分行联合桂林医学院附属医院就基于“智慧医疗+金融”模式打造“乡村振兴自助医疗服务点”，通过技术对接，为村民提供金融以及医疗服务。

（桂林附属医院与桂林银行桂林分行以“智慧医疗+金融”联合打造“乡村振兴自助医疗服务点”，旨在让村民享受到预约挂号和医疗查询等智慧医疗服务。）

吸引外部的资金技术投入乡村医疗卫生机构的数字化建设需要政府支持。作为公共卫生事业供给的主要主体，政府应明确鼓励引导社会资本投资乡村医疗卫生机构的数字化建设。首先，要鼓励社会资本创办智慧医疗创新型企业，聚焦于在线医疗系统、人工智能医疗服务、医疗机器人等关键领域，加快研发与创新一批关键核心技术及产品，以加速现有的数字化医疗系统和设备的研发应用水平。其次，要支持社会资本参与乡村医疗人员以及专业的数字化医疗人才的培养。疫情加速了各行各业的数字化转型节奏和步伐，乡村医疗卫生机构的数字化建设也对医务人员提出了一定的要求。要依托信息、资金、科技等打造专业的人才孵化基地，为乡村公共卫生服务输送优秀的数字医疗人才。最后，要鼓励社会资本利用遥感、物联网、云计算、人工智能等数字技术对接乡村的公共卫生事业。同时利用社交媒体宣传优秀典范，形成良好的带头效应，让更多的社会力量参与到“互联网 + 医疗健康”向乡村延伸覆盖的进程当中。

健康乡村的数字网络并非一朝一夕就可编织而成。我国可以在借鉴世界各国医疗卫生机构的数字化建设经验的同时，结合近两年数字化抗疫的成功经验，在基础较好的地区探索乡村健康公共管理与服务模式、探索产学研用相结合的全过程、全范围的数字化建设模式和医疗服务应用，以此强化乡村医疗卫生机构的内在能力建设，从而助推我国乡村振兴战略的实施和城乡一体化的现代公共医疗体系建设。

第二节　承接外部力量帮扶，加快构建城乡间远程医疗协同体系

构建远程医疗协同体系，是积极响应国家“互联网 + 医疗健康”战略的有效举措。医学本身具有数字化特征，但在信息时代到来之前，传统医疗体系数据的传递速度、完整性、标准化和集成程度不高，形成了大量数字信息孤岛，往往需要医生的个人经验和判断来弥补数字化不足带来的问题，也给一线医生带来了大量不必要且简单重复的工

作。随着数字化技术应用的推广与成熟，以及促进公共服务体系效率提升的迫切需要，作为福利体系重要组成部分的医疗公共服务体系的数字化进程也走上了快车道，医疗体系的数字化与信息化、智慧医疗等逐渐开始出现。

在我国长期医疗资源分布东西部不均、城乡不均的情况下，互联网技术的应用可以突破地域限制，改善我国医疗资源分配不均衡的现状，提高乡村医疗工作效率，缓解乡村医生的现实压力，从而进一步改变县、乡、村各级居民“看病难、看病贵”的现状。利用互联网技术构建远程医疗协同体系，很大程度上便利了村民就医，也能给乡村医疗服务能力的提升带去实实在在的价值。

一、建设城乡远程会诊一体化平台，完善上下双向转诊数字化体系

2018 年 6 月 22 日，国家级远程医疗协同平台正式启动，该平台旨在建立各地区的远程医疗协同机制，发挥各省、市医院在远程医疗中心建设过程中的主导作用和协同作用。国家级远程医疗协同平台由国家远程医疗与互联网医学中心暨国家卫生健康委远程医疗管理与培训中心启动，平台的建立将方便患者就近看病就医、就近会诊转诊，使医疗专科资源得到合理调配，盘活闲置资源，消除病源虹吸现象，并能加强专科资源跨区域协同，促进医保异地结算，引入商业保险等。建立远程医疗协同诊疗平台主要能够解决远程诊疗六方面的问题：一是远程视频的建立；二是患者病历资料的获取；三是患者病历资料的管理；四是病历资料的远程浏览；五是业务申请与诊疗意见反馈；六是转诊处理流程申请。

构建远程医疗诊疗平台是实现医疗资源纵向流动、横向分块的基

础性建设。解决县、乡医疗资源短缺导致的看病远、看病难问题，必须用好数字技术，实现各级医院的协同问诊和分类管理。发挥远程医疗协同诊疗平台的实效性，必须基于架构、运用、内容三方面来设计应用。系统架构层面，要实现业务功能、平台管理、硬件配备三层兼容，最主要的就是建设纵向到底的远程会诊一体化平台；技术架构层面，采用先进技术和开放架构设计，支持入网医院之间的互联互通，支持平台扩展升级，使之具有良好的兼容性和保密性，这就是双向转诊数字化体系完善过程中要重点关注的层面；信息架构层面，远程医疗协同平台作为整个远程医疗系统的中枢，为医疗机构开展远程医疗业务提供信息交换、数据存储、资源共享等功能，在医疗机构之间建立完善的远程业务流程，并通过业务协同服务开展远程医疗活动，这是运营管理系统化机制落实的内在要求。基础设施建设是医疗资源下沉乡村、惠及村民的首要举措，远程医疗协同平台的搭建是实现医疗业务协同的重点，主要包括以下三部分内容：

（一）远程会诊一体化平台建设

远程医疗一体化会诊平台的出现进一步细化了分级诊疗制度。通过现代数字技术，使病人在原地、原医院即可接受异地专家会诊，合理配置了医疗资源，改善了患者的就医体验，解决了患者长途跋涉的看病苦恼，远程会诊一体化平台的构建为分级诊疗制度的可操作性提供了条件。远程会诊过程中，专家可实时调取患者临床病历信息、检查检验结果信息及患者其他相关信息。远程会诊平台的搭建，可以保障下级医院对重症患者的快捷诊断，在诊断疑难病症的过程中，下级医院可以接通远程会诊平台，请远程医疗中心的上级专家进行远程会诊。远程会诊一体化平台的主要功能是实现问诊医院和基层医院的通力合作。上下两级合作医院必须建立完善的会诊基础设施，打通问诊阻滞。

县域远程会诊一体化平台是远程会诊一体化平台的重要组成部分，县级医院、乡村卫生院的数字化建设，将远程会诊平台下沉到县域地区，以县域为中心带动乡村卫生院诊疗效率的提高，这是强化乡村地区医疗服务可及性的基本建设，各县域地区已经建立起了较为完善的数字化远程会诊平台。湖州市安吉县在数字化改革的方针指引下，启动了全县数字化医疗改革工作。安吉县数智卫健体系包括 1 个健康大脑、6 项应用工程和 1 个安全保障体系，几乎满足了县域医疗卫生服务的所有智慧化要求。同时安吉县还启用了区域性“医共体”检查服务平台，该平台由县卫健局统筹，搭建医技检查数据中心，可实现远程医疗业务协同，提供远程门诊、远程会诊等服务。安吉县数智卫健的最大功能是实现了乡村地区的远程会诊医疗服务，安吉县上墅乡卫生院接入了县域数字化诊疗平台网络，通过远程会诊的方式接受来自区域内“医共体”专家的指导，即使遇到疑难杂症无法解决，乡村医生也能及时获取专家的建议，为病人提供更好的服务。依托该平台，远程超声会诊打破了上下级医院时空上的限制，实现了上级医院专家远程模拟现场操作，下级医院获得近似一手的图像资料，提高了乡村卫生院检查诊断的效率与质量。截至 2020 年，该平台已运用于第三人民医院医共体总院及报福院区的日常诊疗中，杭垓、孝丰、章村等院区的检查服务平台还在陆续建设调试中。该县将数字医疗服务功能下沉到乡村卫生院，大大提高了乡村地区医疗服务的质量。

由于医疗资源城乡分布不均，许多复杂的病情在乡镇卫生院无法诊治，这就造成了村民在基本医疗服务享受上的劣势地位。远程会诊一体化平台建设必须兼顾县域和乡村地区，打通乡村卫生院与县域医院的问诊通道，实现“大病不出县，小病不出乡”的分级诊疗模式。

（二）双向转诊数字化体系完善

2006 年 2 月，卫生部（现卫健委）在全国社区工作会议上提出：要在全国范围内推广“双向转诊”制度,鼓励社区(乡村)医院“首诊制”。“双向转诊”，简而言之就是“小病进社区，大病进医院”，积极发挥大中型医院在人才、技术及设备等方面的优势。同时，充分利用乡村卫生院的服务功能和网点资源，促使基本医疗逐步下沉至乡村，村民危重病、疑难病的救治转移到大中型医院。双向转诊平台依托远程医疗和网络技术,向乡村卫生服务机构延伸。双向转诊信息管理系统将社区、乡村卫生服务站与医院连接在一起，它有纵向转诊、横向转诊两种形式。纵向转诊，即下级医院对于超出本院诊疗范围内的病人或在本院确诊但治疗存在困难的病人，将其转诊上级医院就医，上级医院在实现救治后，将病情稳定的病人转至下级医院进行治疗。这在很大程度上优化了医疗资源的配置；[①] 横向转诊，即综合医院可将病人转至同级综合医院处置，是实现不同专科医院之间通力合作的有效形式。双向转诊是构建乡村分级诊疗体系的基础,我国双向转诊面临“转上不转下”的尴尬，关键在于没有解决分级诊疗过程中的诸多制度障碍。

远程医疗协同诊疗平台的主要功能是合理配置全国范围内的医疗资源。构建双向转诊数字化体系的主要目标是运用数字技术，解决各级医疗机构医疗资源利用率的问题，数字化双向转诊平台将各级医疗机构连接起来，提升了村民的看病质量。以贵州省黔南布依族苗族自治州龙里县为例，龙里县构建了覆盖省、州、县、乡、村的数字化分级诊疗体系，以上下联动为主线，将“基层首诊、双向转诊、急慢分治”作为目标。截至 2021 年，龙里县人民医院各科室获得了省医院的高质量远程医疗支持，全方位“医教研合作”让双向转诊成为双方临床医

---

① 杜晓莉、王秋霞、刘斌、刘利:《医联体模式下双向转诊制约因素解释结构模型构建研究》，载《中国医院》，2019 年第 5 期。

师自愿、主动参与的选择。在县域范围内，县人民医院作为牵头执行总院，构建以县级 3 家医院为龙头先锋，2 个区域医疗次中心为服务枢纽，13 个卫生院（社区卫生服务中心）为支撑节点，79 个行政村卫生室为村级网底的“3+2+13+79”紧密型县域医疗卫生共同体工作体系，实行“行政、人员、财务、服务、药械、信息、绩效考核分配”统一管理模式，让“医共体”内双向转诊成为县级医院的业务抓手和长期随访跟踪工具，让乡镇医院成为乡村医疗的重要保障。

完善县域双向转诊制度是远程医疗协同下沉到乡村的重要内容。在实践中，双向转诊制度主要是上级医院针对下级医院无法诊疗的“上转”患者进行病情诊断并给出治疗方案，再将稳定期的患者“下转”到社区医院或乡村卫生院并且按照上级医院给定的治疗方案对病患进行治疗。一些中小疾病患者在大医院诊断结束后，就转回到社区及乡村卫生院，这样形成了双向转诊，这个制度既保证了病人就医的合法权益，又保证了病人随着病情变化能获得有效的转诊。

（三）运营管理系统化机制落实

运营是一个过程，即将社会中所有组织的输入转化为输出的一个过程。远程医疗服务领域中的运营管理主要是针对医院的合作伙伴、盈利模式、服务内容、技术手段以及目标患者的一体化机制建设。运营管理系统要完善省、地市、县、乡、村五级远程医疗服务网络的运营管理。医疗机构内部设置系统的运营监管体系，保障诊疗工作的正常开展，并将与诊疗工作对应的监管材料上传至系统，卫生行政主管部门可以在医疗服务数据平台系统进行随机抽查，发现诊疗问题后及时督促改正，并进行后续跟踪，保证问题及时得到解决，同时将情况进行通报，以防止类似的问题重复发生。而在这种交互过程中，如果发现监管系统或诊疗制度有不合理之处，也可结合实际情况进行纠正，更有效发挥监管系统的作用。

远程医疗协同诊疗平台系统主要囊括分级诊疗协同应用、家庭医生签约服务应用和区域医疗大数据监管等业务。分级诊疗运营管理业务主要包括家庭医生签约服务和区域医疗大数据监管。其中，家庭医生签约服务是落实远程协同诊疗的重要途径，区域医疗大数据是监管数据和可穿戴设备所采集的健康数据充分融合，利用大数据分析，结合健康医学理论，给出合理的健康促进建议，为人民提供健康评估及健康服务应用。远程会诊一体化平台的运营管理机制的落实必须兼顾医疗资源和医疗数据的管理，将各级医疗机构串联起来，实现患者在进行转诊过程中的医疗数据共享，节省乡村患者的就医成本。

二、推动优质医疗资源向乡村流动，促进多元医疗业务向乡村下沉

2017 年 4 月 26 日，国务院常务会议审议通过了《国务院办公厅关于推进医疗联合体建设和发展的指导意见》(以下简称《意见》)。《意见》要求，在“医共体”组织模式上，在城市主要组建医疗集团，在县域主要组建医疗共同体，跨区域组建专科联盟，在医疗资源不足的边远贫困地区大力发展远程医疗协作网。要完善“医共体”内部分工协作机制，落实医疗机构功能定位，以需求为导向做实家庭医生签约服务，完善“医共体”内双向转诊机制。同时，要促进“医共体”内优质医疗资源上下贯通，统筹人员调配、薪酬分配、资源共享等，促进人力资源有序流动，实现诊疗信息互联互通。

“医共体”即医疗共同体，是乡村开展远程会诊建设的主要模式，这种模式将医疗改革和建设“医共体”紧密结合起来，为村民提供预防、治疗、康复的一体化服务，把县、乡、村连起来。“医共体”协同建设

能有效地控制患者的医疗费用，减少区域内医疗资源浪费，整合县乡两级医疗机构的资源，优化乡村医疗资源，提高乡村医务人员的待遇和服务能力。

（一）“互联网 + 医疗”资源乡村流动

“看病难”问题反映的是全国医疗资源的配置问题。“看病难”不是找不到医院，而是找专家、找资源难。解决“看病难”“看病贵”问题是保障民生福祉的重要举措。我国医疗资源分配存在着区域、城乡、医院和学科之间的不平衡问题，极大影响了我国公共服务的供给效率。因此，进一步深化医疗改革的中心任务就是要整合医疗资源，实现医疗资源的合理配置。首先，解决医疗资源区域分配不均的问题，必须稳步推进国家区域医学中心建设，提高各省的医疗卫生水平，使各省都能解决省内的医疗疑难问题，而不是让患者选择跨省、跨地区看病；其次，要发挥数字化平台在远程医疗中的功能，实现“互联网 + 医疗”模式在资源配置中的推动作用。医疗资源纵向流动的重点和难点在于实现医疗资源向乡村流动，筑牢乡村医疗卫生服务网点，解决乡村就医难问题，全面提升村级医疗卫生服务水平。互联网 + 医疗模式的系统架构分 3 个层次：线下主体、线上诊疗系统和云端数据库。其中，线下主体有医疗机构、患者、联网药店和医保机构，线上诊疗系统包括预约挂号子系统、电子病历子系统、结算子系统和评价子系统，云端数据库包括患者个人的详细历史病历数据库和匿名的公共病案数据库。[①]

与城市相比，大部分乡村卫生院医疗资源短缺的问题比较突出。应推动大数据与乡村医疗服务深度融合，以“互联网 + 医疗”思维和大数据手段创新乡村诊疗服务，加强数字技术在乡村医疗建设中的应用，加快健全“智慧医疗”服务体系，大力推动远程医疗服务、电子

① 朱劲松：《互联网 + 医疗模式：内涵与系统架构》，载《中国医院管理》，2016 年第 1 期。

健康档案、远程会诊等多种形式的健康医疗资源向乡村流动。结合数字乡村大背景，依托乡村公共服务平台建设，与乡村公共服务设施同步规划、同步建设，逐步完善公建公办或公建民营的乡村医疗卫生服务机构的数字化建设。统筹交通条件、辐射半径和服务人口数量等因素，重点支持建立乡镇卫生院分院或联合诊所，人财物全部由乡镇卫生院统一管理，提升村民对乡村医疗卫生机构的信任度。

“互联网 + 医疗”资源向乡村纵向流动在防疫实践中初见成效。乡村地区是防疫工作的底部，也是薄弱环节。新冠肺炎疫情暴发以来，为筑牢乡村地区的防疫网，促进医疗防疫资源向乡村纵向流动，数字医疗平台驰援义诊模式在全国农村地区遍地开花。广东省茂名市高州市的“村医通 + 云端医院”模式就是疫情防控期间医疗资源向乡村地区流动的重要经验。该数字医疗平台全面覆盖镇、村，线上线下面向全市群众提供免费诊疗和健康咨询服务。“村医通”是盘活乡村网底防疫的重要举措，高州市人民医院作为打通乡村远程防疫的支点医院之一，组建了“村医通”健康咨询群，使得村民居家就能获取专家医生的线上免费答疑、在线就能了解新冠肺炎疫情的总体状况和防疫知识。同时，高州市人民医院为各村村医提供“分级诊疗 + 分级隔离”的远程指导，村民不出村即可享受到优质的医疗服务和疫情防护指引。新冠肺炎疫情人传人的特殊性要求减少人员的不必要流动，“高州模式”运用数字化工具将县域的医疗服务延伸到乡村地区，既避免了村民进城就医的感染风险，又让乡村老百姓享受到了高效、高质量的医疗服务。

（二）“互联网 + 医疗”业务向乡村下沉

“互联网 + 医疗”业务向乡村下沉主要强调数字医疗专科化、治疗规范化，工作的重点在于诊治常见病、慢性病，要在不同专科医院之间、上下级专科医院之间搭建一条治疗规范化的信息之路。“互联网 + 医疗”

建设的重点是医疗业务向乡村下沉，将慢性病、常见病诊疗业务下沉到乡村卫生院。

在云南省楚雄彝族自治州楚雄市（县级市）鹿城镇卫生院，患者可以通过远程视频接受楚雄市人民医院专家的诊疗，他所享受的远程诊疗服务得益于楚雄市“网络医疗”的建设。2020 年 5 月，楚雄市全市 15 家乡镇卫生院、142 家村卫生室通过远程诊疗系统以及云 PACS 系统的建设，使市、乡、村三级医疗机构初步实现了远程会诊、影像集中诊断、区域数据共享、双向转诊等一系列功能。截至目前，楚雄市共完成“医共体”内双向转诊 1192 人，远程影像诊断 923 例，分析上传心电图 8316 例，初步实现了“小病在乡镇、大病进医院、康复回乡镇”的就诊模式。自“网络医疗”实施以来，为群众节约交通、食宿、就医成本共 300 余万元，群众获得感、满意度大幅提升。“互联网 + 医疗”系统在全国多省市已经开始高效运转，村民们在家门口就能享受基本医疗服务，是数字技术赋能医疗业务向乡村下沉的重要成就。

（三）“互联网 + 医疗”乡村诊疗效率提高

随着人工智能、大数据、云计算等数字技术在医疗领域的应用，远程会诊、互联网医院、智慧医疗等医疗新业态在全国广泛运用。目前，全国已有 2200 多家三级医院初步实现院内信息互通共享，7700 多家公立医院提供互联网医疗服务，在线医疗用户规模近 3 亿。数字医疗的快速发展，让越来越多的患者感受到了就医的便利。

“互联网 + 医疗”的本质是医疗服务，作为一种把计算机技术、信息技术应用于整个医疗过程的新型医疗模式，数字医疗在基本医疗卫生事业公益性层面具有显著优势。从患者的角度看，数字医疗能够跨越时空，解决医患之间的信息不对称问题，还简化了就医流程、降低就医费用、改善了就医体验。从医生的角度看，数字医疗让患者病历、健康档案实现数字化，提高了疾病诊断、患者管理的效率，进一步解放了医疗生产力。从医疗机构的角度看，数字医疗有助于促进院内管理精细化，提升管理水平和服务水平。

三、扩大乡村数字化医疗人才规模，提高乡村数字化医疗人才素质

乡村医生是我国医疗卫生队伍的重要组成部分，承担着守护村民健康和服务乡村公共卫生的双重责任，也是防止因病致贫、因病返贫的重要保障。加强基层医疗卫生人才建设是提升乡村医疗卫生服务的关键，其有利于提高村民医疗卫生满意度，并关系到乡村医疗卫生事业的长期发展。[①] 培养乡村远程协同诊疗队伍是兜底乡村数字医疗发展的重要保障，培养乡村远程诊疗队伍必须从乡村医生的数量、综合素质和医疗队伍结构三方面发力，通过培养优质的乡村远程协同诊疗人才队伍，完善乡村公共医疗的人才支撑。

（一）增加乡村医疗后备人才数量

根据《2019 年我国卫生健康事业发展统计公报》来看，2019 年底，全国 53.3 万个行政村共设 61.6 万个村卫生室。村卫生室人员达 144.6 万人，其中，执业（助理）医师 43.5 万人、注册护士 16.8 万人、乡村医生和卫生员 84.2 万人。平均每村卫生室人员 2.35 人。与上年比较，村卫生室数减少 0.6 万个，人员总数有所减少。

① 韩蕾:《农村基层医疗卫生人才建设的必要性、问题及对策建议》，载《农业经济》，2015 年第 2 期。

表 3-1 全国卫生室及人员数

指标	2018	2019
行政村数 / 万个	54.2	53.3
村卫生院数 / 万个	62.2	61.6
人员总数 / 万人	145.4	144.6
执业（助理）医师数 / 万人	39.5	43.5
注册护士数 / 万人	15.3	16.8
乡村医生和卫生员数 / 万人	90.7	84.2
乡村医生 / 万人	84.5	79.2
平均每村卫生室人员数 / 人	2.34	2.35

乡村卫生院基础设施建设滞后，造成医疗卫生人才严重流失，多数乡村卫生院依托有限的“赤脚医生”为村民提供医疗服务，严重影响了村民就近就医的质量。在河南省新乡市凤泉区大块镇卫生院，该乡镇卫生院现有医护人员 90 人，编内医护人员 48 人，现有的医护人员要服务 6 万多人口，平均 1 个医护人员要服务 600 多个人，医护人员严重不足。卫生院编制数量与现实医疗需求存在鸿沟，“缺编”的现状难以满足“留人才”的现实需求。可以看出乡村医疗最大的瓶颈在于乡村医生的匮乏以及乡村卫生院稳定现有医疗队伍的困境。乡村医疗发展的前提是要大力培育乡村医疗后备人才，医疗后备人才数量直接决定着乡村公共医疗的服务水平和效率。

为促进医疗人才进入乡村，中央组织部鼓励高校毕业生服务乡村，通过设立“三支一扶”岗位，安排一批大学毕业生到乡镇从事教育、卫生、农技、扶贫等工作，服务期限为 2 年。“支医”是解决乡村卫生院医生数量不足问题的重要举措，这部分人员一般被分配到基层的医院、卫生所，安排在院办公室、药房、资料室以及临床、急诊等各类科室。

这部分支医工作队掌握数字化工具和技术，为远程医疗连通乡村医疗服务站点提供了人力资源的保障。

（二）提高乡村诊疗人员综合素质

村卫生院处于分级诊疗平台的最底层，是优质医疗资源下沉的终端，村级卫生院在疾病诊疗过程主要承担着疾病首诊、预防保健和健康管理的功能。因此，要缓解医疗资源紧缺的现状必须强化乡村卫生院的医疗服务能力，加强乡村卫生院的建设，健全县域医院的对口帮扶机制，实现各级医疗机构之间上下联动的相关制度。鼓励大医院专家到基层医疗机构服务，从而不断提高基层医疗机构医生的诊疗水平和服务能力；将基层卫生人员送到大医院进修、培训；加大全科医生的培养力度，持续提高基层医生的待遇水平，不但要让技术高的医生能留在乡村，而且还要吸引大医院的医生愿意到乡村；要持续落实对口支持和医生下乡村政策，提升乡村医疗服务能力，这是建立基层首诊、双向转诊、急慢分治、上下联动的分级诊疗制度的重中之重。

系统化培训乡村全科医生的学科专业和医疗知识，持续对乡村全科医生进行继续医学教育，是提升其医疗水平的重要手段。这就需要利用分级诊疗平台的管理功能，通过互联网平台开展医疗帮扶工作，支持和鼓励乡村卫生机构与市级专家建立起长期联络机制；可通过网络会诊、网上培训、实地教学查房、手术带教、疑难病例讨论等方法，持续帮助乡村全科医生进行规范的全科医疗工作，解决乡村医疗工作中遇到的难题，使乡村全科医生在临床工作中，强化数字技术优势，巩固“医共体”网格化治理协同的成效。

（三）优化乡村诊疗人才队伍结构

乡村卫生院作为我国医疗网的网底，承载着村民的健康保障任务。

在我国，乡村医生不仅为广大村民提供基本的诊疗服务，而且还承担着乡村大量公共卫生工作，是村民健康的首条防线，保障了乡村地区的卫生安全。但是随着乡村医疗卫生体制的改革和新型农村合作医疗、制度的完善，乡村医生的收入减少，这在很大程度上使得乡村地区医生年龄和结构“断层”，乡村卫生院面临人才队伍结构失调的困境，这种困境在数字化医疗体系下更加凸显，乡村诊疗人才队伍的现状与村民不断提高的基本医疗服务需求严重不匹配。绝大多数乡村卫生院没有高级职称卫技人员，大多数都是初级职称甚至是无职称的“赤脚医生”。

优化乡村诊疗人才队伍必须从结构优化入手。惠州市位于粤东地区，虽处于经济发达的广东省，但是各县（区）之间发展不均衡，乡村医疗发展滞后，尤其是乡村公共医疗建设严重受制于乡村医生队伍结构。为了解决村医学历偏低、年龄老化等问题，惠州市制定出台了《惠州市进一步加强乡村医生队伍建设实施方案》（惠府办〔2015〕131号），规定对全市乡村卫生院实施执业准入制度，对乡村医护人员的执医资格和能力作出规范，并且通过定向培养的方式优化乡村医疗人才队伍，解决乡村医疗人才队伍职称断层的问题。

在数字医疗时代，优化乡村医疗人才队伍结构，在很大程度上解决了远程医疗难以沉下去的问题。互联网医疗必须以合理的乡村医生队伍为支撑，从而筑牢我国医疗网的最底层。乡村诊疗人才队伍结构的优化是发挥乡村卫生院诊疗能力和效率的关键，不同职称的诊疗人才通力合作、合理分工，经验丰富的乡村医生带动年轻医生、高素质医生助力乡村卫生院融入分级诊疗体系，合理的乡村诊疗人才队伍能全面提升偏远地区农民的健康水平和乡村医疗服务水平，更好满足村民日益增长的医疗卫生需求。

第三节　融入集成应用体系，加紧实现整体性医疗服务一网通办

医疗服务的一网通办是“互联网 +”技术在医疗服务领域应用的具体表现，是具有数字特色的公共服务提供方式。一网通办基于互联网平台的服务供给方式为基层群众提供了极大的便利，将有力推动全国医药卫生工作的长远与科学发展，有效提升人民群众身体健康质量，有力保障和改善社会民生。

一般而言，所谓一网通办可理解为政务服务的网上全办理，即是政府利用互联网技术，集中并整合政务服务资源，建立政府门户网站，立足网站平台，依托手机、平板电脑等移动数字终端，在微信、支付宝等手机软件中搭建政务服务网上平台的链接路径，以此拓宽政务服务需求侧覆盖面，确保村民需求得到满足，以提供数字赋能的高质量公共服务，是具有高度灵活性的公共服务提供方式。

一网通办的最大特点就是“不见面”“不出户”。“不见面”与“不出户”的办事模式简化了业务办理的流程，提高了事务办理的效率，如今村民只需要在移动终端动动手，点击几下屏幕，便可完成所需事务的办理，使乡村医疗服务供给具有了高便利性与高灵活性的特征，是数字技术提升公共医疗服务效能的直接表现。

一、构建乡村“互联网 +”医疗服务平台，发挥应用集成优势

随着大数据、区块链和人工智能等数字技术成为政务服务技术革新的重要依托，医疗服务平台与数字技术的融合发展效能也逐渐显现，为实现乡村医疗服务一网通办提供了技术保障。

目前，全国各地都已面向城市居民建立了不同的“互联网 +”医疗服务平台，取得了一定成果。根据国家卫健委 2021 年统计数据，我

国拥有超过 1100 家互联网医院，7700 家二甲以上医院提供线上服务。三甲医院网上预约诊疗率已达 50% 以上，90% 以上的三甲公立医院实现了信息院内共享。

同时，相应的医疗服务平台也正在逐步向乡村下沉，如湖南省泸溪县的智慧医疗健康服务平台与江苏省的福村宝平台。

湖南省泸溪县通过出台《远程医疗系统信息化建设实施方案》，全面推进泸溪县全民健康数字平台建设，构建县、乡、村卫生健康数字化建设一体化格局，促进区域间、部门间、医院间医疗信息数据互联互通与融合，实现了一码共享、一键结算、一生服务、一网共享的县域医疗健康服务体系。全县医疗机构基本完成了基础数据录入，实现了网络互通，并率先在县人民医院、镇中心卫生院、村卫生室三级医疗机构开展试点。为村民提供了预约挂号、全流程导诊、诊间支付（医保余额支付）、线上门诊服务、线上住院服务、线上问诊等一系列数字化医疗服务，并在不同医院间实现了居民健康档案及身份识别、电子病历、诊疗信息、报告单结果等信息的互通互认。

而江苏福村宝平台则立足于“互联网 +”对乡村医保进行改革创新，改变了原先乡村社会化程度低的“福利式”医疗救助模式，以“村民出一点、社会赞助一点、集体扶持一点”的筹资模式为骨架，以村民互助互济的治理原则为血肉，以 DRGs（诊断路径相关分组）为管理工具，根据疾病种类、病程进展、治疗手段等条件对疾病分组进行保障，在基本医疗保险报销的基础上进行二次报销。

现存的乡村“互联网 +”医疗服务平台一般集村民最关心的医保报销、线上挂号、远程诊疗、药品查询等多项功能于一体，并在把牢准入要求的前提下，接入其他相关医疗机构，扩展医疗服务平台服务范围，将平台打造成贴近村民现实生活的有力帮手。同时，平台内医疗服务应用的集聚形成了专业服务应用群，专业应用群具有服务内容多样、服务体系完整、服务流程明晰等特点，这些都是乡村“互联网 +”医疗服务平台具有的优势，为其进一步发展提供了强劲支撑。

二、总结乡村“互联网 +”医疗服务模式，释放先行先试效能

不断推进乡村“互联网 +”医疗服务试点试行，进一步丰富乡村“互联网 +”医疗服务的探索建设经验，并在此基础上进行总结，归纳出乡村“互联网 +”医疗服务的多元供给模式，是乡村“互联网 +”医疗服务平台实践效能得到最大限度发挥的必经之路，以下简选三例进行分析。

（一）数据标准统一的国家医疗保障信息平台

2022 年 5 月，全国已基本建成了覆盖乡村的统一的医疗保障信息平台。平台有效覆盖了约 40 万家定点医疗机构、40 万家定点零售药店，具有为 13.6 亿参保人提供优质医保服务的能力。医保信息平台包括了支付方式、跨省份异地就医、公共服务、药品和医用耗材招采等 14 个子系统，目前已陆续落地应用，可满足几百个统筹区各种各样的业务需求。

针对原来全国各地区的医保标准不统一、数据互通困难等问题，国家医疗保障局积极推动形成全国自上而下医保信息数据交换的“通用语言”，推进构建医保信息数据交换“语言系统”，以实现全国医保信息互联互通、数据互认。

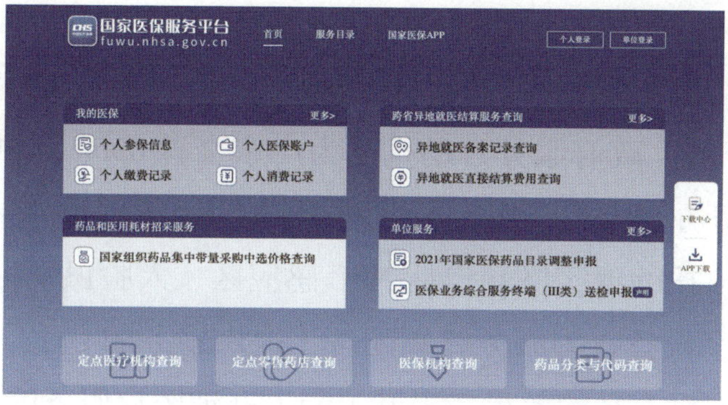

（全国医疗保险公共服务平台包含个人服务、单位服务，可办理全国医保个人账户查询、医保缴费记录、医保消费记录查询等业务。）

已制定的15项信息业务编码标准是医保标准化发展的新引擎，也是医保标准化建设的里程碑，为后续的诸多医保重大改革奠定了基础。编码标准化的实现，将为包括药品、医疗耗材等医疗费用在地区间、医疗机构间进行数据比较提供基础，保障医保信息公开透明，进而实现全国医保信息互联、互认通畅。

立足“统一分类，统一编码、统一维护、统一发布、统一管理”的总要求，以医疗保险编码规范为基准，推动新时代医疗保险信息交流的通用语言体系建设，同时设置统一的平台动态维护中心，做到了纵向全贯通，横向全覆盖，为自上而下统一规范的医疗保险标准和科学化的编码系统的建立提供保障，对提高医疗保险服务的操作质量和管理决策水平具有重大意义，同时也为医疗服务平台的统一数据标准的设置提供了经验。

（二）人机交互高效的“粤智助”自助医疗服务平台

广东省“粤智助”自助服务平台是以线下终端为基础，以用户自助操作终端为主、现场工作人员协助为辅的方式提供相应公共服务。在安装、调试成功后通过面部识别认证等技术，以高效的人机交互实现医疗服务的“一站式”办理，可快速便捷开展医保查询等多项业务，实现“数据多跑路、群众少跑腿”,形成数字技术赋能群众办事的新态势。目前，“粤智助”政府服务自助机已为广东全省6300万村民提供了快速便捷的事务办理方式，实现了村民“小事不出村，大事不出镇”。

平台所依托的现实终端包括NFC感应区、人脸识别摄像头、内嵌式功放等数字设备，为服务终端配备了提供服务的“手”“眼”“口”,大幅提高了人机交互的效果，提升了网上办理医疗服务的现实体验感。另外,为响应适老化政策要求,“粤智助”平台也重点关注乡村老年群体，针对不会使用电脑或智能手机的老年人，对办事页面进行个性化改造，简化事务模块名称、缩短流程，使页面更加通俗易懂，以便于老年村民操作。

在医疗服务供给量方面，“粤智助”现已开通打印就医证明、网上挂号预约、城乡居民养老金资格认证等211项基层高频需求服务事项，业务总量达2268万笔，每日业务量达13万笔。“粤智助”平台基于现实终端下乡的服务供给方式使广大村民对“互联网+”医疗服务有了更直观的体验，使“互联网+”医疗服务深入人心，提高了村民对“互联网+”医疗服务的了解与接受程度，在输出端提高了医疗服务平台的效能，为如何让乡村“互联网+”服务平台服务功能具有更高的现实可及性提供了参考。

（三）技术有效融合的青海省海西州智医助理平台

青海省海西州联合讯飞医疗所搭建的讯飞智医助理平台是服务于基层医生的人工智能全科辅助诊疗平台，平台以语音识别、图像识别、自然语言理解等核心技术为基础，深化融合应用，在搭建合理技术架构的基础上，集智能问诊、病历规范质检、辅助诊断、合理用药、医学知识检索等功能于一体，并联动各级医疗资源辅助基层医生提高诊疗服务能力，规范诊疗行为，从而让患者可以享受到更专业的医疗服务，对有效缓解基层医疗机构诊疗服务能力不足起着举足轻重的作用。

同时，海西州互联网医院建设以海西州人民医院为中心，对接海西州人民医院、德令哈市中医院、茫崖市第一人民医院、海西州蒙藏医院、乌兰县人民医院、都兰县人民医院、大柴旦行委人民医院等不同层级的医疗机构，搭建了完整的“互联网 +”医疗服务提供层级架构，以确保医疗服务通过技术路径传递到每一位村民的手中。

讯飞智医助理平台在海西州的应用情况和效能体现表明数字技术能通过基层医生能力提升等方式赋予乡村医疗服务供给新的力量，并且随着智医助理的持续推广应用，优质医疗资源的公平性和可及性将进一步得到提升，对于保障村民健康、巩固脱贫攻坚战既有成果、避免因病返贫、促进乡村振兴具有重大现实意义。

三、制定乡村“互联网 +”医疗服务标准，提高全面推广速率

建设标准化乡村“互联网 +”医疗服务平台是提高“互联网 +”医疗服务平台推广速率的首要着手点。2021 年 11 月，国务院办公厅印发了《全国一体化政务服务平台移动端建设指南》，就进一步加强和规范全国一体化政务服务平台移动端建设，促进各地区各部门不断提升移动政务服务标准化、规范化、便利化水平作出了部署。以标准化平台的全面建设为契机，带动城市数字资源向乡村流动，使标准化红利惠及乡村“互联网 +”医疗服务平台建设的各方面，提升医疗服务平台的适应性，从而尽早在全国范围内实现乡村医疗服务的一网通办。

（一）明晰医疗服务平台标准架构

层级架构、技术架构的建设是标准化平台架构的内容，是平台层次性的体现，是平台的“骨骼”。

首先，在层级架构方面，乡村“互联网 +”医疗服务平台作为乡村与城市的医疗数据枢纽，需明确基础层级定位，上接城市大医院，下连乡村卫生室，以响应村民医疗需求为导向，按实际诊疗层级建立网络通道，保证医疗数据的流动通畅。

其次，在技术架构方面，乡村“互联网 +”医疗服务平台的技术架构主要包括基础支撑层、应用管理层、服务提供层。

基础支撑层指乡村医疗服务平台所依靠的医疗机构服务外网、政务云平台等基础设施，医疗数据资源服务、医疗大数据分析等数据支撑以及统一身份认证、统一证照共享、统一电子印章等公共支撑与事项管理、服务反馈管理、用户体验监测等业务支撑。

应用管理层规划建设医疗服务应用管理系统，提供用户管理、服务应用接入管理、服务发布管理、运维管理等功能，实现对医疗服务应用的规范管理和监测维护。

服务提供层即利用移动互联网应用程序、小程序等服务渠道，基于统一标准，为村民提供医疗服务事项咨询、办理、查询、评价等服务。

（二）统一医疗服务平台建设规范

统一的平台建设规范是建构标准化平台的风向标，指导着平台建设的总体方向，是平台标准化建设的基石。

首先，要制定和完善乡村“互联网 +”医疗服务平台的移动端建设和接入标准，对整体架构、接入组件、交互界面等制定详细规范，明确访问和服务应用准入要求，提升乡村“互联网 +”医疗服务平台的建设标准化、规范化水平。

其次，增强乡村医疗服务网办平台全生命周期质量管理，制定和完善质量管理标准，对系统性能、应用管理、运行监测等进行规范，切实保障功能完备、运行稳定、体验良好。

最后，制定和完善乡村“互联网 +”医疗服务平台的安全防护和管理标准，进一步提高“互联网 +”医疗服务平台的网络安全防护、监测维护、风险预警、应急处理能力。

（三）提升医疗服务平台综合能力

医疗服务平台的整体效能取决于其综合能力的高低，为回应不断变化发展的用户需求，医疗服务平台必须不断提升其综合能力。

第一，针对村民特性，集中展示各级医疗卫生机构、医保报销、医药价格等数据，贴紧不同村民需求特点和关注重点，推动各项医疗服务直达直享、一站办理，实现精准化匹配和个性化推送，打通服务“最后一公里”，不断提升村民就医体验。

第二，运用人工智能等技术优化医疗服务平台搜索服务功能，实现内容的统一检索，提升搜索服务便捷度和智慧化水平。设置集智能搜索、智能问答、智能导航于一体的智能客服，方便村民快捷精准获取有关服务信息。

第三，不断拓展医疗网办服务回应评价渠道，通过扫二维码、消息推荐等方式，提升医疗网办服务回应性，及时收取村民反馈意见，促进医疗网办服务导向由政府供给向群众需求转变。

第四，推进平台适老化改造措施。目前乡村多留守老人，这就需要平台积极针对老年群体改造平台交互界面，并设置内容朗读、操作提示、语音辅助等功能，提供大字版、语音版、简洁版的医疗服务应用，提供老年人专属的“简易模式”，为老年人充分享受医疗网办服务提供便利。

第五，积极推进新一代信息技术在乡村“互联网 +”医疗服务平台中的应用，以提高服务便利化水平。加快推进大数据分析、人工智能、5G 等信息技术在平台中的融合与应用，综合利用大数据挖掘、智能学习等技术方式，积极服务于移动医疗创新。推动区块链在推进资源共享、服务流程优化、协作效能提高、安全保护提高等方面的重要功能的有效发挥，为提高乡村医院信息服务网办平台效率提供有力保障。

通过上述措施的落实，乡村“互联网 +”医疗服务平台的适应能力将得到提高，如此，在更广阔范围内推进“互联网 +”医疗服务平台下沉乡村，加速数字技术惠及更多区域内的村民，形成全国乡村医疗服务的一网通办体系就有了坚实的平台基础。

四、培养乡村“互联网 +”医疗服务人员，凝聚多元共建合力

应积极宣传服务内容，开展专业培训并畅通村民间信息流通渠道，凝聚多元主体共建合力，以期共同提升“互联网 +”医疗服务平台的实践效能，从而保证村民获得应有的数字医疗服务权益。

首先，党的领导是乡村互联网医疗服务得以顺利开展的根本，而乡村干部作为奋斗在“乡村最前线”的公务人员，是宣传普及工作的重要执行力量。各基层党委可委派乡村基层干部走村入户，以求真正打通“互联网 +”医疗服务下沉的“最后一公里”。为此，可以整合各级医疗保障机构与乡村基层干部的力量，保证“互联网 + 医疗”内容宣传的全覆盖，使村民对医疗服务内容应知尽知。

在具体方法上，医疗网办服务宣传普及工作要本着“老百姓愿意听，老百姓听得懂”的原则，用“接地气”的语言详细介绍医疗网办服务相关内容，包括相关政策、使用说明、注意事项等。乡村干部可以通过入户聊天的方式传递信息，同时逐一发放传单、宣传手册、科普漫画读本等，在村民家中留下指导性文册，使村民在任何时候都可以查阅到具体的服务内容与操作指引。还可以利用乡村广播系统，用本地方言与普通话在每日特定时间播放宣传内容。另外，有条件的地区还

可以模仿露天电影模式或利用手机等移动端设备，通过视频方式直观介绍医疗网办服务具体内容，以此达到医疗网办服务内容的宣传普及目的。

其次，乡村干部的成员大部分都是扎根本地的老一辈“话语人”，他们对于数字技术的了解十分有限，接受能力也较为一般，加之其他乡村干部对技术的了解也不如专业技术人员那样扎实深厚，没有经验，对数字服务平台的认识一般也仅停留在浅层，只是知道有平台可以使用，但是对如何使用和如何高效使用并不了解。因而需要诸如高校师生、企业专业技术人员等社会力量作为支撑。组织下乡开展面对面培训，通过直接讲解与演示，将技术内容、操作流程与注意事项较好地、直观地讲清楚，讲明白，从而提升乡村干部的技术素养，促进数字意识的树立，增加乡村干部的知识储备，为后续开展广泛的宣传普及活动做准备。

对乡村干部的培训内容应包括乡村“互联网 +”医疗服务平台的整体技术架构、功能区域划分等内容，集中对村民所关注的“互联网 +”医疗服务平台与疾病诊疗、医保报销等内容进行详细说明，最大限度做到培训内容既有针对性又有全面性。另外需要就不同应用情境下可能出现的问题提供原则性解决方案，做到未雨绸缪，提升培训内容的现实关切程度，为实际的宣传普及活动提供技术支撑。

同时，在社会力量介入的前提下，引导村民参加科普性讲座或者体验活动，针对乡村现存的突出医疗服务需求设立专门版块进行讲解，化解村民心中的技术抗拒心理，从而逐步提升村民的技术应用能力。

最后，村民间医疗服务信息传递渠道需保持通畅，这有利于扩大医疗服务平台的影响力，使乡村“互联网 +”医疗服务平台的服务覆盖面更广。可通过医疗服务平台联动其他数字系统，推动平台信息传递能力提升，继而使“互联网 +”医疗服务平台更具现实“存在感”。

以乡村疫情防控为例，由于居家隔离引起的信息流通不畅导致谣言四起的现象时有发生，这就要求乡村采取相应手段保证信息传递不失真、不失准。可通过联动诸如乡村数字大喇叭、乡村数字监控大屏等其他数字系统，在更大范围内传递真实疫情信息，并在乡村“互联网 +”医疗服务平台中增设专属疫情防控模块，每日更新疫情态势，按时推送最新信息，以使相关信息最大限度被村民接收。此外，医疗服务平台还可通过接入上层医疗服务平台的数据库，丰富平台数据类型，增加数据容量，为村民提供更广泛的疫情防控数据，使村民掌握更多的真实信息。

上述内容所表明的是医疗服务平台的服务功能的实现有赖于信息的有效传递，信息传递的真实准确是服务效能得以发挥的重要保证，乡村“互联网 +”医疗服务平台的实践效能就表现在回应村民的医疗服务需求上，回应性的强弱代表着其实践效能的高低，而乡村医疗服务的一网通办的实现与否就取决于其实践效能的高低。

第四章

宜老适老：为乡村养老服务插上智慧翅膀

当前我国正处于两个发展阶段，即人口结构的快速老龄化阶段和科学技术的高度发展阶段，如何将新兴数字科技应用于我国的乡村老龄化问题治理中，发挥数字赋能的作用，提高乡村养老服务的智慧化、智能化程度，引起了政府与社会各界的广泛关注。

我国人口老龄化具有老年人口规模大、速度快、程度深以及健康水平低等特征，[①]且已经成为我国改革发展中不可忽略的全局性问题。根据第七次全国人口普查数据显示，我国60岁及以上人口有2.6亿人，占比达18.7%，老龄化进程明显加快。[②]随着农村青年人口不断向城镇流动，农村人口老龄化的程度和速度始终高于城镇，因此解决好农村的养老问题也是解决我国人口老龄化挑战的关键问题。如何全方位地满足老年人的各种服务需求，是我国老龄化产业的出发点和落脚点。当前，面对我国老龄化的基本国情及养老需求的日趋多元化，传统的单一层次的养老模式已无法满足老年人对美好生活的向往，因此，数字化技术与养老服务的深度融合是应对严峻老龄化形势的必然选择。

---

① 朱勇：《智能养老》，社会科学文献出版社2014年版，第15页。

② 侯佳伟：《从七次全国人口普查看我国人口发展新特点及新趋势》，载《学术论坛》，2021年第5期。

当前全球正处于互联网信息技术高速发展时期，欧美等发达国家率先开始了智能化养老的探索，我国也相继提出了“智慧养老”的战略方针。随着我国互联网、大数据、云计算等网络信息技术的快速发展，“智慧养老”服务模式应运而生。“智慧养老”的概念最早由英国学者提出，是指通过物联网、移动计算、人工智能、区块链等现代科技技术，围绕老年人的日常生活各个方面来提供生活服务。智慧养老的供给方主要包括家庭、社区和第三方机构等，服务内容侧重于智慧助老（物质层面）、智慧孝老（精神层面）和智慧用老（自我实现）三个层面。我国农村智慧养老针对的目标群体是老年人，尤其是以空巢老人、失能和半失能老年人为重点对象。当前我国智慧养老仍然处于较低发展水平，尤其是乡村智慧养老正处于初步探索阶段，尚有较大的发展空间。

随着老龄化社会、信息化社会的同时到来，乡村养老发生了深刻的变化，智慧养老服务成为不可阻挡的发展趋势。加快构建智慧养老服务体系有利于促进老年人身心健康、提高老年保障水平、促进养老服务高质量发展，从而有助于积极老龄化的推进，促进乡村振兴发展。

第一节　提供智慧养老服务产品，夯实乡村智慧养老发展基础

按照应用场所区分，我国乡村智慧养老模式可分为智慧居家养老服务、智慧社区养老服务和智慧机构养老服务三种主要服务模式。各种模式都具有较大的消费人群，且各模式人群呈现出全覆盖、交叉性和消费潜力巨大的特点。

一、重点发展居家养老智慧产品

居家养老是我国乡村养老的基石，以家庭为中心，依靠子女、亲

属养老，是当前我国养老的主流模式。然而，在现实中这种居家养老模式却面临着种种困难。居家养老要求家庭成员投入大量的时间和精力，但是由于“独生子女”政策的影响，未来的子女可能需要面对夫妻双方4个老人甚至更多老人的赡养义务，很难有足够的时间和精力。智慧居家养老能够通过信息技术为乡村的老人提供更加专业的服务并降低服务成本，在兼顾老人精神需求的同时，不需要子女花费较多的时间和精力。而当前国内老年智慧产品的功能过于单一，操作过于复杂，不利于老年用户特别是文化程度低的乡村老年用户的使用。面对这些现实困境，我国智慧养老服务应该鼓励以居家养老服务为主，拓宽智慧养老服务的网络布局。

智慧居家养老是指社会为居住在家的老人，提供养老服务以满足养老需求的一种服务形式。狭义的居家养老仅指上门入户服务，而广义的居家养老包括入户服务与户外服务。在智慧居家养老产品的研发上分为硬件智能可穿戴设备、智能养老软件平台、智慧养老平台设施。智慧居家养老服务依托智能设备（如关爱智能腕表、一键通呼叫器、智能手机等）和现代信息技术，以老年人住所为基础，构建智能高效的家居设施（包括配套软、硬件）和养老服务体系。[①] 目前，国外居家养老智慧产品正处于高速发展之中，荷兰的护理机器人已可以完成简单的医护操作。国内对于养老产品供给的实践模式，以上海奉贤区为例，通过为老年人佩戴智能手表的形式实现对老年人的定位、日常生活、医疗急救、社区融合等养老服务的精准供给，老人的子女亦能通过微信在第一时间掌握老人的动向和信息。天津市通过开发出智能电视、智能机器人、关爱智能腕表、一键通呼叫器等智能设备提供多项适合居家养老的服务。浙江省桐乡市乌镇启动“互联网+”养老服务试点工程，以物联智能设备为手段，通过安装门磁报警、红外线感应、SOS报警

① 张雷、韩永乐:《当前我国智慧养老的主要模式、存在问题与对策》，载《社会保障研究》，2017年第2期。

等设备，将应急救助服务和健康检测服务延伸到老人家里。这些实践经验对于我国农村智慧养老产品服务供给带来了很大的启示。

面对未来乡村智慧产品的开发，应该鼓励开发小巧、便于携带的产品，改变传统养老设备笨拙、不方便使用的特性。乡村智慧养老产品要结合最新的数据以及农村居住方式的特点，积极探索保证农村老年信息科技产品服务安全、高效和适老的技术创新模式。首先，提供依靠信息技术为目标的老年智慧产品。根据马斯洛的层次需求理论来看，乡村家庭养老智慧产品供给服务可以分为四类，一是基本生活用品（购物、行走、清扫）；二是康复用品类（机器人、智能呼叫监控）；三是休闲娱乐类产品（视频互动交流、直播）；四是安全类产品（煤气水电监管、防滑防撞、智能防盗）。配合智能腕表等移动设备，以及无线互联网、GPS 定位等信息科技手段，在居家智慧养老产品供给时重视智慧养老产品的安全性能、适老特征以及质量水平。其次，将满足老年人刚需与个性化服务相结合，依靠现代信息技术手段，调研农村老人的产品需求，根据乡村不同用户的个性化需求，制定精准服务。最后，依托“互联网 +”养老服务职能产品供给方式，加快技术创新，研发生产具有更强安全性、可靠性、实用性、操作便利的健康监测、呼叫报警、多功能可穿戴设备以及智能机器人等智能设备。

二、积极发展农村机构养老产品

尽管居家养老是我国农村传统的养老方式，但是随着老年人口规模的逐步扩大、家庭小型化以及家庭空巢化的发展趋势明显，未来的居家养老功能势必会逐渐弱化。机构养老是与居家养老相对应的社会养老方式，能对我国农村养老方式起到重要的补充作用。但在现实的场景中，机构养老为老年人提供服务的时候却面临着各种现实的困境，比如说床位供给紧张、养老机构功能单一、康复护理能力薄弱等各种难题。相对城市机构养老模式而言，农村机构养老是以乡镇敬老院收住农村“三无”老人为主要形式，提供生活照料、康复护理等相对专业化的养老服务。由于养老服务工作细节繁杂、供给成本高，许多社会营利机构不愿开展养老服务相关工作，以致农村地区民办养老机构极少，甚至部分地区没有建立任何养老服务机构。

农村智慧机构养老服务是指居住在专业养老机构的老年人通过机构享受到各种智能设备，实现订餐送餐、清洁打扫、健康监测、预警提醒等一系列专业服务。当前我国城市智慧养老机构发展得比较迅速，很多城市已经率先开展了智慧机构养老服务模式。比如，绿城乌镇雅园作为创新型的智慧养老机构，是绿城与杭州师范大学合作开发的“学院式养老”项目。乌镇雅园是高端学习型综合养老生态社区，居住区设置有安全预警、无障碍通道、多层电梯等适老化设施设备，满足老年人在安全、健康、生活和心理方面的全方位需求。湖北省武汉市的乔西社区智能养老利用互联网、移动通信网和物联网等信息化手段，为老年人提供专线服务，老年人足不出户就可预约洗衣、做饭、维修、理发、送米等日常服务。

因此，通过借鉴城市智慧机构养老及其产品开发的经验，未来我国农村地区应从以下三个方面大力发展智慧机构养老产品：第一，鼓励养老服务机构应用基于移动互联网的便携式体检、紧急呼叫监控等设备，提高养老机构服务水平。融入医养结合模式，通过医疗服务与养老服务的相结合，将精神心理服务、生活照护服务、老年教育服务，以及医疗服务、大病康复服务、身体咨询服务、疾病医治服务、临终关怀服务等多重养护服务有效集中于养老机构服务中。第二，充分利用新型智能设备，即利用互联网和传感器等技术开发应用的智能化养老产品，如智能手环、健康管理服务设备、智能防走失定位、一键紧急呼叫器、智能座机、陪护机器人等多种终端设备，最终实现现代医疗卫生服务技术与机构养老保障模式有效结合。第三，嵌入第三方专业机构，农村智慧养老机构不单指养老机构的智能化，还包括医院药店、家政公司、婚介场所、旅行企业等各种相关的第三方机构。不同机构都能借助智能产品和网络平台为老年人提供专业化的服务，通过同其他主体的协调合作推动养老服务融合集成，实现养老服务多元化、整合性的供给样态。

三、积极开发农村社区智慧养老服务产品

加快推进农村社区养老服务供给，是实施乡村振兴战略、促进城乡融合发展的基础一环，也是补齐民生短板，实现农村高质量发展的核心要务。①目前，社区养老在乡村养老服务模式中是一个较为模糊的概念。由于我国大部分农村居民不理解社区养老理念，忽视了老龄人口的个人选择及思想价值观念，从而导致农村地区养老服务机构参与率低、回报率低，以至于一系列农村社区养老共同体构建工作无法得到有效开展。社区养老服务不是将老人束缚在养老院或者敬老院，而是让老人住在自己家中或者农村社区中享受养老服务。当前阻碍农村社区养老服务供给的关键是养老资源缺乏，其中表现最为明显的是社区养老产品的匮乏。

国外在社区智慧养老服务供给方面的一些经验可以借鉴。比如，日本非常重视信息技术运用于社区养老服务业，早在2007年就提出借助护理机器人等智能化设备辅助医务护理人员进行日常护理工作；2013年又探讨利用信息通信技术服务于超高龄社会生活；2014年日本部分地区开始实施“照护机器人开发导入体制”；2016年提倡将网络

① 李蕊:《新时代破解农村养老难题的路径探索》，载《人民论坛》，2022年第5期。

空间与物理空间相融合，共享“超智能社会”产生的成果。日本老年人的护理机械科技化程度很高，不仅有广播机器人、监督用药机器人、洗澡机器人等，还有神经逻辑治疗机器人 PAPO，能够与人进行沟通交流。目前 PAPO 已经推广至美国、英国、德国、丹麦等 30 多个国家。近年来，我国一些社区积极推进智慧养老服务体系建设，也取得了较为突出的成绩。

借鉴国内外经验，在未来完善我国农村社区养老产品供给的路上，应该从以下三个方面入手：第一，重点是搭建养老信息服务网络平台，提供健康管理、护理看护、康复照料等社区居家养老服务。当发现老人突遇紧急情况或者有医疗救助需求时，及时对接医疗服务中心，实施专业救治。村医疗健康服务中心是老人的“守护站”，它是由农村社区专业的医务人员组成，主要为老人解决健康问题。养老服务中心可以通过智慧养老平台对商铺服务质量进行监督，对于服务质量良好，评价口碑良好的商铺进行续标合作，对于服务质量较低的商铺及时上报和处理。第二，加快提高农村社区驿站产品供给，供给涉及便携式设备和自助式设备两类。便携式设备中的基层诊疗随访设备是指医护人员在基层诊疗随访中使用的集成式或分立式智能健康监测应用工具包。自助式设备主要指社会自助健康体检设备与智能健康筛查设备。这两类设备都可放置于社区或机构，便于居民开展自助健康指标监测。第三，积极探索研究适合各地农村经济、社会、文化特点的本土化的智慧养老模式和产品，为老年人提供多方位的个性化和精细化养老服务。把握智慧养老产品与老年人数字素养高低的关系，才能够有效整合和提供各类智慧养老服务。

[典型案例]

数字赋能养老场景，打造养老“乡村样板”
浙江省湖州市安吉县天荒坪镇居家养老服务

浙江省湖州市安吉县天荒坪镇山河村有528户农户、村民1642人，是天荒坪镇政府所在地，风景秀丽，交通便捷，经济也相对发达。山河村的村支书邵林峰是土生土长的当地人，他已经在村里工作了12年，见证了数字化对这块土地带来的改变。数字化治理平台正在帮助这个小村落在人文关怀和自然环境保护上更上一层楼。邵林峰介绍，村里老年人比较多，60岁以上的老人有412人左右，90岁以上有13人，对老年人的集体照护需求比较大。2021年3月，山河村通过与中国电信合作，为每户家庭里一位60岁以上老人补贴发放一块智能手表，到目前为止已经有150位老人带上了智能手表。

这些智能手表会实时跟踪监测老人的血压、心率、位置等信息，这些信息会形成老人健康档案，同步在老人子女的手机App上，同时每隔4小时回传到村里的数字乡村云平台，方便老人的子女以及村里的志愿者及时处理突发健康状况。邵林峰81岁的父亲也戴着这块手表，工作之余，他偶尔会在小程序查看自己父亲的健康监测情况，“我爸每天都在村里遛弯，血压比我都好。”对于村里的智慧养老需求，周捷表示，未来还将探索在老人家里安装布置烟感传感器以及门磁报警器等物联网设备，防止空巢老人在家里发生意外而不能及时被发现。

（资料来源：《老人戴上智能手表 垃圾桶装上芯片 羊舍覆盖5G 这里的数字乡村图景这样展开》，中证网。）

第二节　搭建智慧养老服务平台，稳固乡村智慧养老发展根基

乡村智慧养老平台是乡镇政府主导下，以资源整合为重点，融合移动互联网和物联网等技术手段，通过搭建信息共享系统、养老服务平台等应用，将居家养老、乡村养老等方式进行统一管理的综合性平台，为老年人提供自我健康及生活管理，提高其健康水平和生活质量。在信息化、智能化的基础上，利用数字技术建成智慧养老服务平台，是构建智慧养老服务体系的关键。

一、构建“一体化”基础养老服务信息系统

乡村智慧养老服务平台的首要任务是对养老机构、老年人基本状况等信息进行收集、整理，以服务于养老服务系统的建设。乡村智慧养老服务信息系统是指乡镇政府及其干部依托互联网技术、人工智能技术等方式对辖区范围内的养老服务机构、老年人数量及其基本状况等信息进行收集，并上传到信息系统，以方便养老信息的随时调用，便于与其他村社进行数据交换与对接，实时掌握养老服务信息。养老服务信息系统强调对信息收集的有效性和精准度，同时注重信息的实时更新，以适应动态变化的乡村社会。

2021 年，为推进全国养老服务信息系统部署应用工作，民政部颁布了《民政部养老服务司 民政部信息中心关于印发〈“金民工程”全国养老服务信息系统部署推广工作方案〉的通知》，召开了“金民工程”全国养老服务信息系统推进调度会，以加快组织养老服务机构进行信息录入，完善数据信息，提高采集信息的有效性和精准度。随后，广东、福建、江苏、陕西等地区相继推广“金民工程”全国养老服务信息系统工作方案，保障信息系统落到实处。供给端信息与需求端信息是养

老所需信息的重要内容。“金民工程”强调的是供给端信息的录入，是对全国养老服务机构的全面把握。需求端则要求将老年人信息录入智慧养老服务平台，以掌握其基本信息。

[典型案例]

洛阳市借力“互联网+”，让老年人乐享晚年生活

截至2022年5月10日，洛阳市智慧养老服务平台采集并录入137万余名老年人信息，录入养老机构238家、社区养老服务设施766个、农村老年人幸福院1449个……已完成市级民生实事年度任务。

在洛阳市智慧养老服务平台大屏上，养老大数据等信息一目了然。市养老服务中心负责人高丁表示，为积极探索“互联网+”在养老服务中的应用，该中心搭建了集养老大数据、综合监管、养老服务三大功能于一体的智慧养老服务平台，充分发挥平台在政府、老年人和服务机构之间的桥梁作用，为居家和社区老年人提供服务。

市民政局推出了“洛阳养老”微信公众号，该公众号于2020年11月上线。该公众号包括“智慧养老”“养老咨询”等内容，通过“养老机构”“养老地图”可查看洛阳市智慧养老服务平台收录的社区养老服务设施的名称、位置、联系人、联系方式等信息。

（资料来源：《洛阳市智慧养老服务平台采集并录入137万余名老年人信息》，洛阳市人民政府网。）

推动乡村智慧养老服务平台建设，有以下要求：首先，乡镇政府应积极与社会资本合作，充分利用数字技术搭建信息系统平台。如在供给端，强调互联网技术、传感技术、远程监控技术等的运用，实时掌握基本的养老服务信息。在需求端，借助人工智能技术，结合智能可穿戴设备、健康检测设备、行为监控系统等智能终端设备，将收集到的老人信息上传到智慧养老信息系统中，通过计算分析，再将数据结果发送给老人子女或者社区养老、医疗服务机构，发现异常时及时预警，并提供相应的服务。其次，注重专业信息采集、录用、检查等专业人员的培养与教育。相关技术的运用需要依靠工作人员，发挥工作人员在技术受限的状况下实现信息准确录入的重要作用。有一些老年人无法顺畅使用智能设备，缺乏对应的能力，这时候就要求有专业人员引导，通过与老年人沟通交流，获取对应的信息，满足养老服务信息系统的需要。

二、建立“互联网 +”智慧养老综合服务平台

“互联网 +”代表的是一种新的经济形态，指的是依托互联网信息技术实现互联网与传统产业的联合，以优化生产要素、更新业务体系、重构商业模式等途径来完成经济转型和升级。“互联网 +”养老服务作为养老服务业的一种升级业态，是对传统养老服务业的改造升级，并基于养老服务供需双方与养老服务信息平台之间建立的连接。乡村“互联网 + 养老”综合服务平台着眼于乡村社会老年人，秉承互联网开放、便捷、分享的理念，以物联网、大数据、人工智能等技术为支撑，将线上服务需求与线下服务机构对接，满足老年人需求。在平台建设上，主要运用互联网技术对养老服务机构、社区养老等进行整合、改造、升级，打造便捷迅速的养老综合服务平台。如，乌镇在居家养老照料

中心建成的“乌镇智慧养老综合服务平台”，就运用互联网、物联网和云技术，开创了“线上 + 线下”的居家养老新模式[①]。贵阳市曜阳养老服务中心率先搭建了覆盖全国的医养平台——“元气医养”。

[典型案例]

贵阳市曜阳养老服务中心

贵阳市曜阳养老服务中心是在中国红十字会总会事业发展中心2015年与贵阳市委、市政府签署战略合作协议的大背景下建成的，全国首家由二级中西医结合医院和现代化老年公寓组成的医养综合型养老示范性基地。

贵阳市曜阳养老服务中心秉承人道博爱奉献的红十字精神，倡导“老有所医、老有所为、老有所乐、老有所尊”的新型服务理念，在延长老人寿命的同时，以提高老人的生活质量、维护老人的尊严和保留老人的社会功能为目的。利用贵阳得天独厚的自然生态环境，面向全国，建设高端养生养老、休闲度假、健康理疗的绿色生态养老社区，把养生养老与健康休闲、旅游度假结合起来，旨在为大家提供一个休闲、养生、旅游、度假、颐养天年的旅居胜地。

（资料来源：《贵阳市曜阳养老服务中心网站》，曜阳养老服务网。）

养老综合服务平台在不同模式下有不同的表现形式。“互联网 +”

① 青连斌：《“互联网 +”养老服务：主要模式、核心优势与发展思路》，载《社会保障评论》，2021年第1期。

社区养老服务、居家养老服务、机构养老服务等模式，都强调供给端与需求端之间在信息交互下建立连接，通过综合服务平台，取长补短、深度融合，有效促进供需匹配，优化养老服务资源的配置和整合。

乡村综合服务平台模式也不应局限于农村老年人幸福养老院、养老机构等，可以适当探索居家养老、村庄养老、村内大户养老等模式，聚焦于乡村发展的现状，不断促进养老平台模式创新。同时与其他村社之间进行平台建设与发展的沟通和交流，依据本村实际情况，不断调整养老服务平台的功能。在综合性服务平台中始终要以老年人的基本需求为出发点，设计适合于老年人使用的智慧养老平台，精简流畅，操作方便。此外，乡村智慧养老综合服务平台的建设不能仅停留在服务平台的数字建设上，还需要与线下养老服务相结合，及时关注老年人的线下生活需求，了解、掌握不同需求的本质，完善线上平台，提升养老服务水平和质量，统筹推进“互联网 +”智慧养老综合服务平台的建设与发展。

三、建设“一站式”乡村智慧助老服务站点

建设乡村智慧助老服务站点是基于乡村老年人基本需求、提高养老服务质量的必然选择，是呼应智慧养老服务体系、完善智慧养老平台建设的重要举措。智慧养老助老服务站点是以乡村为依托，面向乡村老年人，为老年人提供“一站式”的综合服务点。“一站式”服务既包括对乡村老年人的专业照护、医养结合，又涵盖家庭支持、文娱活动等全方位助老服务，侧重助老服务站点服务的全能化、智能化、便捷化。从乡村数字技术嵌入角度出发，让乡村老年人享受到数字技术带来的便捷服务，增强老年人对智慧养老的认同感。

当前，助老服务站点的建设进行得如火如荼，涵盖内容广泛，发

展迅速。如，大同市平城区社区助老服务站依托“大同助老”，以智慧化引领推动助老服务工作现代化。河南省多地展开了对助老服务站的探索，取得了一定的成效。

[典型案例]

河南省洛阳市乡村搭建助老服务站

在洛阳市洛宁县兴华镇沟门村，临街墙上“沟门村助老服务站”的标牌，把记者引到一个不大的院落。上房的娱乐室里，几个老人在一边吃零食一边聊天。院子不大，但划分了娱乐区、休息区、就餐区、助洁区，各区域都根据需要配备了电视、空调、冰箱、消毒柜等。服务站占地面积200多平方米，是由村集体回收的民居改建而成，目前服务对象23人，共有9名60岁以上老人长期接受养老助老服务。

在洛阳市嵩县，记者还参观了城关镇朱村助老服务站，该服务站利用闲置幼儿园升级改造而成，占地面积约300平方米，设施也更全，如娱乐学习方面，就细分了影音室、棋牌室、阅览室，还有室外的健身器材区和长椅休闲区。

（资料来源：《河南的衔接答卷｜农村养老，河南多地的“抢答题”》，搜狐网。）

乡村智慧助老服务站点的建设要求以乡村实际情况为前提，紧抓乡村老年人养老服务需求，重视智慧化设备的引入。首先，合理进行乡村智慧助老服务站点的选址。站点选址关系到村内老年人的参与积极性和主动性，站点太偏、选址不合理则不利于助老服务。站点选址应依据乡村辖区范围、老年人数量、地理环境等进行合理设置，尽可能惠及村庄所有老年人，无论是改建还是重建，都必须保障站点使用的安全性和持续性。其次，重视利用智慧养老信息系统和综合服务平台。智慧助老站点依托大数据掌握、管理村内老年人的基本信息，同时通过智慧养老公众号、App等实现与老年人的沟通交流。最后，加强对智慧助老服务站点的监督与管理，提升助老服务质量。要以老年人的切身体验为基准，考察助老服务设施情况、服务人员态度、站点服务供给等内容，根据老年人的反馈，不断完善智慧助老服务站点的功能，不断满足老年人群体多样化的需求。

四、创设“兜底性”乡村智慧养老保障系统

智慧养老服务平台的建设离不开保障系统的支撑和维护，乡村智慧养老保障系统是解决智慧养老平台后顾之忧的重要手段。乡村智慧养老保障系统是以智慧养老信息系统、综合服务平台、助老服务站点为依托，以乡镇政府、村社负责人等为行动者，以及其他维护乡村智慧养老日常运转的各要素组合。这一要素组合主要聚焦的是技术维护、资金支撑、人才保障，关注的是乡村智慧养老的“兜底性”服务。

第一，乡镇政府的政策支持。乡村智慧养老的便捷发展离不开政策引导，乡镇政府应依据智慧养老政策建设的重点和方向，不断调整乡村智慧养老的实际情况。第二，财政支持。乡村智慧养老服务平台的建设与运营不仅需要上级政府拨款，还需要乡村本身不断扩充乡村智慧养老的资金来源，通过村庄集体产业、乡村老年人家属捐赠等方式保障平台运营的资金要求。第三，技术保障。村集体可与相关的社会科技企业、公司签订合作协议，共同运营好乡村智慧养老服务平台，

保障平台运营的高效高质。第四，交流平台的建设。乡镇政府、乡村智慧服务工作人员、乡村老年人、科技企业之间应搭建一个互动交流的“点线面”平台，依托数字技术，加快信息的互通互达。同时还应与其他村庄关于智慧养老服务平台的建设进行学习交流，开阔视野，保障乡村智慧服务养老平台的通畅运行。

第三节　提升智慧养老服务能力，保障乡村智慧养老服务质量

乡村智慧养老服务体系的建设与发展离不开对服务质量的高标准、高要求。而提升乡村智慧养老服务的水平和质量，最重要的落脚点是乡村智慧养老服务能力的提升。这既涵盖对乡镇政府官员、乡村干部、养老服务专业人才的培养，同时又包括对老年人进行智能教育。依托数字技术，通过培训教育，使乡村智慧养老服务参与主体、乡村老年人更加熟悉智慧养老服务平台，更能掌握智慧养老服务功能，更好地促进乡村智慧养老平台运营。具体来看，要提升乡村智慧养老服务能力主要从以下几个要点出发：信息整合能力、智能应用能力、智能监管能力、智能教育能力、智能人才吸纳与培育能力。

一、优化信息整合能力，满足精细化需求

信息是数字技术运用的基础，信息整合能力的提升是乡村养老服务能力提升的重要前提。乡村智慧养老服务中的信息整合能力是指在智慧养老背景下，乡村智慧养老服务平台能够在正确的时间、以正确的方式，将平台信息传送给正确的老年人用户的综合能力。总体而言，信息整合能力的提升应注重从使用规范、数据整合、内容整合、过程整合等方面入手，全面把握乡村智慧养老服务中的各项信息，提升智

慧养老服务能力。

首先，明确乡村智慧养老信息使用的标准化建设，形成运行规范。规范化的信息使用标准是推进智慧养老服务发展的基础，能够为智慧养老服务信息提供安全保障。而乡村由于缺乏这种标准化的行为规范，很多老年人信息容易被误用、滥用。因此，应尽可能地建立一个可依据的行为规范，以此作为信息使用的前提。这主要强调从信息的收集、录入、转存、连接等方面全方位地进行梳理，形成乡村智慧养老信息利用的全过程标准。

其次，强化对乡村智慧养老信息的数据整合。这一数据主要指的是乡村智慧养老平台运营过程中存在的原始化数据，是对相关数据的进一步加工。这一信息整合关注的是对智慧养老服务平台的运营和维护，通过对平台的内部数据库进行整合，构建起适用于乡村智慧养老服务专用的数据库，保持相关应用软件数据一致。

再次，促进乡村智慧养老信息的内容整合。内容整合主要强调对一些电子表格、文本文件、图像、图表、报告等进行信息整合。将收集后的数据依照一定的标准进行分类，分别存入不同的内容管理系统，以供日后使用。这一整合着重关注外部数据进入智慧养老服务平台以后所进行的信息整合，通过分类化的信息管理，控制信息的发布和流转，全面掌控智慧养老服务平台的各个功能板块，提升智慧养老服务平台的运营水平。

最后，实现乡村智慧养老信息的过程整合。过程整合是在数据整合与内容整合基础上进行的，对整个信息的运行、收录、撰写等过程进行良好的维护，以实现智慧养老信息在过程中的有效利用。依据信息管理的相关准则，在智慧养老平台运行的实际过程中关注信息整合目标，从乡村智慧养老运转中把握有效信息，不断调整智慧养老平台，提升智慧养老平台信息的标准化、精细化。

二、增强智能应用能力，拓宽智慧养老适用场景

乡村智慧养老服务能力的提升还离不开智慧服务养老功能应用能力的增强。智能应用能力是指在乡村智慧养老平台建设下，丰富智慧养老服务功能，满足乡村老年人多元化的生活、娱乐等需求，开发创新性的智能应用场景，提升智慧养老服务的能力。这一能力提升要求从老年人的需求出发，通过数字化技术模拟智慧养老中多样化的服务内容，并在实践过程中不断完善发展。总的来说，要充分挖掘乡村老年人的独特需求，建立乡村老年人智慧养老应用清单，依托数字技术推进应用场景的运营与改进，提升乡村智慧养老智能应用能力。

目前，国内上海、广州和成都等地都相继发布了智慧养老应用场景需求清单，具体情况见下表。

表 4-1　智慧养老应用场景需求清单

城市名称	智慧养老应用场景需求清单
上海市	一、安全防护类：场景 1：老年人防跌倒场景 场景 2：老年人紧急救援场景 场景 3：认知障碍老人防走失场景 场景 4：机构出入管控场景 场景 5：机构智能查房场景 场景 6：机构智能视频监控场景 二、照护服务类：场景 7：老年人卧床护理场景 场景 8：家庭照护床位远程支持场景 三、健康服务类：场景 9：老年慢性病用药场景 场景 10：机构无接触式智能消毒场景 四、情感关爱类：场景 11：老年人智能语音交流互动场景 场景 12：老年人智能相伴场景

续表

城市名称	智慧养老应用场景需求清单
广州市	一、养老服务商城应用场景 二、老年人智能语音交互应用场景 三、居家老年人用电用水用气安全智能管家应用场景 四、为老服务直播间应用场景（线上教育） 五、老年人智能出行应用场景 六、老年人紧急呼援应用场景 七、家庭养老床位应用场景 八、老年人防走失应用场景 九、养老机构全景云看房场景 十、智能陪伴机器人应用场景
成都市	一、综合应用场景：场景 1：高龄独居老年人智慧综合照护 场景 2：养老服务商城应用 二、技术应用场景 （一）安全防护：场景 3：老年人防跌倒 场景 4：认知障碍老年人防走失 场景 5：机构出入探视管控 （二）照护服务：场景 6：机构智能查房 （三）健康服务：场景 7：老年慢性病用药 场景 8：社区居家康复训练 （四）情感关爱：场景 9：老年人智能相伴 （五）生活服务：场景 10：智能助餐 场景 11：健康码智能核验 场景 12：老年人上下楼梯辅助

打造智慧养老应用场景清单要求能够聚集养老服务资源，满足多层次、精细化的养老服务需求。首先，深入乡村老年人群体，了解多样化需求。这就要求养老服务专业人员掌握乡村老年人的基本情况，能够充分归纳概括老年人需求的同质性，并形成系统的需求清单。这一过程可依托数字手表、监护设备等智能化方式实现，也可通过线下面对面的沟通交流获取信息。其次，构建并公布乡村老年人应用场景

需求清单，满足多样化需求。乡村智慧养老工作人员应依托数字技术，将老年人多样化需求纳入平台建设中，通过模拟实训、养老云端体验等功能，提升场景式养老服务能力。需求清单的公布也能聚集乡村智慧养老发展建设的资源，除了正式资源外，还能鼓动乡村邻里之间的非正式资源，投入智慧养老发展建设中，满足老年人多层次、多样化的需求。最后，要依据实际情况进行清单的更新换代。数字技术在乡村的蔓延也改变了老年人传统的简单需求，转而寻求更为丰富、宽泛的老年生活。因此，乡村智慧养老服务中心应形成老年人常规需求掌握机制与应用场景清单更新机制，满足老年人多样化的生活需求。

三、提升智能监管能力，保障智慧养老服务落到实处

智能监管能力旨在通过数字技术搭建监控平台，对乡村养老服务机构、养老服务过程、养老服务质量等方面进行全面管控。但乡村智慧养老服务体系的发展进程缓慢，相关技术设备、监管政策、基础设施不齐全，不利于全面了解乡村老年人享受养老的服务情况，同时也难以保障乡村养老服务体系的顺利推行。因此，要通过提升智慧养老服务中的智能监管能力，保障乡村养老服务机构的服务质量，推动乡村智慧养老服务平台的安全运营，提高乡村老年人参与智慧养老的获得感、幸福感、安全感。

[典型案例]

数字乡村应用，打造智慧养老无缝屏障

宁波市海曙区龙观大路村四面环山，有户籍 320 户，人口 802 人，其中大部分年轻人都外出工作。如何解决当地老人居

家养老问题、让外出的年轻人安心在外拼搏，成为当地政府急需解决的问题。

宁波电信了解到此情况后，充分发挥电信的能力与优势，利用“云+物联网”，搭建天翼康康智慧养老监管平台，为大路村“孤寡老人、失怙儿童、行动不便残疾人”等低收入农户，筑起“子女、网格长、村委、邻居”四重预警防线，打造无缝的帮扶屏障。老人们在佩戴智能手表后，智慧养老监管平台通过采集使用者的体征、定位、预警等信息，可实现全面监护使用者各项数字化信息，以实现实时健康预警及常态化监护。紧急预警信息不仅在微信 App 上能实时推送、共享，住宅中安装的 SOS 警号声光报警器和村委监控室顶楼的天翼大喇叭也能同步向邻居发出救援信号，实现预警求助的无缝覆盖，实现了高效便捷的远程监护，让出门在外的子女实时了解家人健康情况，让他们能安心工作。

（资料来源：《数字乡村应用，打造智慧养老无缝屏障》，中国网。）

从上述案例来看，提升智能监管能力要注重从以下两个方面入手：第一，充分利用数字技术搭建智能监管平台或应用。乡村智能监管能力的提升要紧跟数字化转型发展的步伐，进一步将人工智能、大数据、物联网等信息技术与乡村智慧养老服务的现实情况相结合，强化线上、线下监管，充分保障乡村养老服务的落实。第二，扩充智能监管内容，实现养老服务全过程监督。其中除了对乡村养老服务站点、平台等的安全进行监管，通过数字技术实时掌握养老院包括一些人员安全、消防安全等在内的基本情况外，还应注重资金监管，公开政府下放的补贴、村社投入的资金等使用情况，建立资金公布管理系统，实现资金使用的透明化。此外，对服务的监管也应纳入考量，通过对服务平台、人员、功能等进行全方位评价，定期收集相关信息，不断完善和改进养老服务。

四、提高智能教育能力，提升老年人智能技术应用水平

提升老年人智能技术运用能力是消除老年人面临的“数字鸿沟”，使其充分享受信息化发展成果的重要举措，也是提升智慧养老服务能力，保障智慧养老落到实处的重要步骤。乡村老年人对数字技术、信息服务、智能产品等新兴事物较为陌生，这也成为乡村智能养老发展的一大阻碍。因此，必须重视对乡村老年人的智能教育，促进乡村智慧养老的顺利推行。乡村老年人智能教育是依托数字技术，丰富老年人再教育的内容和方式，解决老年人运用智能技术的困难，提升老年人使用智慧养老服务平台的能力和水平，使其更好地享受智慧养老的红利。

老年人教育尤其是老年人运用智能技术的培训能够提升老年人的数字应用水平和能力，便于智慧养老在各地的推行。

[典型案例]

争当“智慧”老人，长沙兴起老年人智能手机培训热

2020 年 12 月 30 日下午，在长沙岳麓区湘仪社区公共服务中心，第四期老年人手机培训如期进行。本次培训内容包括教老年人安全使用手机、微信的几种聊天方式、美图秀秀软件使用等。

数字时代下，老年人因不会用智能手机而频频遭遇与社会

“脱节”的尴尬。然而，近来在长沙，这样针对老年人的智能手机培训开始蔚然成风。

（资料来源：《争当“智慧”老人，长沙兴起老年人智能手机培训热》，三湘都市报。）

海南省教育厅也印发了方案，对老年人开展智能技术培训，依托本辖区的社区教育三级办学机构，通过体验学习、经验交流、现身说法、互助帮扶等教学方式，帮助老年人了解智能技术应用为生活带来的便捷，帮助老年人克服在运用智能技术中的心理障碍。

老年人智能教育能力提升的重点应放在对乡村老年人的智能应用需求、水平的了解和掌握上，为寻求适合乡村老年人的智能教育服务奠定基础。首先，从思想上增强老年人对智慧养老服务的接受度。乡村智慧养老服务各主体应大力宣传智慧养老产品，全方面介绍智慧养老的重要作用，并组织有兴趣的老人开展信息技术的学习，使得老人从内心真正接受智慧养老产品。其次，丰富智能教育的平台和内容，开展多样化、针对性地智能教学。这主要依托乡村养老服务机构、乡村各服务组织等，依据本地区的实际情况，制定乡村老年人智能教育的培养计划，通过开展视频教学、体验学习、尝试应用、经验交流、互助帮扶等智能技术应用培训活动，增强老年人学习兴趣。最后，特事特办，开创老年人智能学习的特殊通道。依据乡村老年人的实际需要，对一些需要单独进行教育培训、技术指导的老年人开通特殊通道，实施个性化的智能培育，综合提升乡村老年人智能技术水平。

五、强化智能人才吸纳与培育能力，促进养老服务专业化发展

乡村智慧养老服务能力的提升与智能人才的吸纳与培育息息相关。2022年第七次人口普查显示我国60岁及以上人口为2.6亿人，占比18.7%。而相关养老护理人员不到100万，这显示出我国养老服务的专业人才匮乏。且现有的养老服务整体素质较低，专业能力、服务水平等都难以满足老年人多元化的服务需求，尤其在数字技术推动养老发展的现状下，高素质专业人才的缺失难以使智慧养老体系实现正常运转，无法有效保障乡村智慧养老服务的推行。养老智能人才既要求相关工作人员有养老服务所需的专业技能，同时又能在数字技术发展的背景下把握新型养老技术的运用。因此，为适应现代化数字技术助推养老服务发展的需要，必须加快对智慧养老所需智能人才的吸纳与培育，以满足老年人多层次、多样化的需求，更好地为老年人服务。

[典型案例]

长沙康乃馨养老“人才梯队”培养计划启动

养老事业可持续发展的根本，在于相关企业人力资源的综合素质。继“我在康乃馨，做全能养老人”培训之后，人才培养已经成为该养老机构的常态化。2022年7月11日至12日，长沙市康乃馨老年呵护中心举行了医护部储备主管竞聘会的笔试和面试，正式启动养老“人才梯队”建设，旨在为养老服务提供持续的人才保障和输送，保证养老机构更高效率的运营和高质量的服务。首次竞聘会共有7名优秀护理员参与。

（资料来源：《长沙康乃馨养老“人才梯队”培养计划启动》，养老信息网。）

养老服务业的发展应更加重视养老智能人才。从人员培育上来看，应注重与高校开展智慧养老培训合作，从人才开发、评价体系、专业教育、市场培训等方面入手，打造一支数量充足、结构合理、素质优良的智慧养老专业化人才队伍。[①] 通过高校不断培育并输送出优秀的智慧养老专业人才，扩大人员供给。同时注重对现有专业人才的培训，定期开展智慧养老服务经验交流会、知识分享会，不断扩充专业人员的技术知识，加强对智慧养老服务平台运营的了解，增强服务能力。从人员吸纳上看，要注重从乡村智慧养老的激励措施入手。通过提高乡村智慧养老服务人员的薪资水平、生活保障水平等方式，吸引优秀专业人才留在乡村，尤其注重乡村本土人才的吸纳，号召青年学子返乡服务，促进乡村智慧养老发展。此外，要注重与其他地区的养老服务人才的交流，通过不同专业人员的流动，形成新技术、新方式的知识库，提升乡村智慧养老服务水平。同时还可以从老年人群体中挖掘可以培育的对象，使其掌握基本的智慧养老服务知识，充实养老服务队伍，缓解养老智能人才不足的问题。

第四节　创新智慧养老服务模式，整合乡村智慧养老服务资源

当前智慧养老模式大概分为三种，即智慧社区养老模式、智慧居家养老模式和智慧机构养老模式。如何在不同的养老模式中取长补短，发挥家庭养老和社会养老的混合优势，将社区养老、社会养老和居家养老有效地结合起来，建立起多元化、多层级的农村供养体系，是最主要的养老问题之一。目前，我国城市智慧养老服务体系建设有以下做法。上海市在“智慧养老”服务业方面采用的主要措施包括：政府

① 吴雪:《智慧养老产业发展态势、现实困境与优化路径》，载《华东经济管理》,2021 年第 7 期。

积极开展数字化转型，创新管理理念和方式，协同打造服务平台；社区重点建设示范应用场景，由“重技术”向“推场景”转变。安徽省合肥市庐阳区的“乐年长者之家”是我国智能养老物联网应用示范工程试点，运用移动互联网为城区养老服务提供信息化服务，庐阳区建立的“智慧养老”综合信息平台，有效构建了政府、社区、养老机构和社会公众之间的信息互联，实现了资源共享。

[典型案例]

福建省福州市智慧养老服务体系

福建省福州市智慧养老服务体系从实施层面涵盖养老服务监管者、提供者、服务层次、服务方式、服务对象和服务内容六方面，需要整合政府、社会、社区、家庭的资源，建立起社区居家养老为主体，家庭养老和机构养老为两翼的“一体两翼”福州智慧养老服务模式，并健全覆盖多层次养老需求的全面服务体系。智慧养老服务体系建设有利于提高养老服务效率，提升老年人服务满意度，加强对服务的统一监督监管，从而促进养老服务的标准化、系统化。

（资料来源：沈嘉璐：《福州市智慧养老服务体系研究》，载《学术评论》，2015 年第 3 期。）

目前，福州市主要施行以居家为基础，社区为依托，机构为支撑的养老服务体系，力争形成“9073”养老格局，即 90% 的老年人通过自我照料和社会化服务实现居家养老，7% 的老人由社区帮忙照料养老，

3% 的老人由养老机构负责。福州市智慧系统延续服务理念，它的搭建将为福州市形成“9073”格局节省大量的人力及物力，且智慧系统具有可持续发展性和可推广性，符合现阶段社会发展及养老服务发展的要求。

习近平总书记强调，“要坚持传统服务方式和智能化服务创新并行，针对老年人、残疾人等群体的特点，提供更加贴心暖心的社会保障服务。”在借鉴城市智慧养老模式经验的基础上，综合考量农村地区的经济发展、基础设施、互联网普及度等多方面的影响因素，积极探索研究适合各地农村经济、社会、文化特点的本土化的智慧养老服务。乡村养老服务的需求者是老年人，养老服务中介是一个强大的智慧养老平台。养老服务供给者是养老机构、社会组织、医院、家政服务中心等服务实体。因此，依托数字技术，未来乡村智慧养老服务在提供农村养老产品、搭建养老平台以及提升养老服务能力的基础上，应该构建以“政府购买服务为主导、企业创业创新为依托、社会力量支持为辅助，居家、社区、机构相结合”的乡村智慧养老服务模式，以老年人需求服务为导向，以老年人信息数据为支撑，满足我国乡村老年群体的养老服务需求。

一、政府引领主导，推动互联网基础设施建设和人才培养

政府部门应当在推进乡村智慧养老模式过程中扮演好引领者、支持者和参与者的多重角色，但并非要包揽一切。政府需要研究如何使智慧养老服务模式有序顺畅开展的管理体制、机制问题，需要组织和协调社会资源等。首先，政府应该提供相应的政策支持。乡村智慧养老是一个复杂的系统工程，政府相关部门应该对于积极发展智慧养老服务业的地区和机构在研发智能设备、开展智慧养老服务推广宣传、

有效运用互联网信息技术等方面要给予一定的税收优惠、财政补贴等政策支持。此外，政府还需要加快统筹推进乡镇服务网点建设，完善产品“供给网”，打造数字技术与乡、镇、村三级智慧养老服务站点建设，打通乡村智慧养老服务的“最后一公里”。其次，政府应该注重培育专业智慧人才，加快与高等院校、医护专业职业学校、医院等机构合作。专业的医疗、保健、心理咨询等服务是乡村智慧养老服务所必需的。要扩大智慧养老人才培养的规模，注重培养智慧养老服务业应用型人才和智能设备研发的技术型人才，鼓励校企合作，充分利用不同院校的学科优势，开展交叉学科和研究领域的人才培养。不断完善智慧养老服务业人才培训体系，提高服务人员的综合素养和专业技术水平。

二、企业强化创新，落实乡村“包容性智慧”发展理念

智慧养老的质量和绩效不是取决于它有多复杂、多高级、多安全，其核心的评价指标应该是它是否足够方便、简单、智能、智慧，即老年人是否有兴趣、能否很便捷地找得到和使用好系统及功能，这些是建构智慧养老逻辑结构时应该重点筹划和优先考量的维度。因此未来企业需要强化创新理念，提倡社会价值与经济价值并重，切实为养老服务制造兼具智慧化、实用性和人性化的产品。其次，企业应该加快健康养老服务领域的智能技术升级，引导扩大适老化智能设备的应用，推进智慧健康养老应用系统集成，对接各级医疗机构及养老服务资源。企业还可以针对老年人不熟悉手机和计算机等终端，但是比较熟悉使用电视机的现实情况，将电视机作为数字化养老的技术平台，迅速打造农村智慧养老的数字化体系。

三、社会力量共同合作，促进“数字技术+养老服务”落地生根

“智慧养老”作为一种公共服务，离不开政府的统一规划，也离不开相关企业的服务创新，更离不开社会力量的参与合作。首先，依托社会力量发挥农村社区养老共同体精神。运用互联网技术手段整合政府、养老服务机构、企业、医院、社区、养老服务公益机构和志愿组织等各方面的养老服务资源，可以实现养老服务资源的整体联动，实现信息的及时互通，可及时合理调配服务资源，帮助老人就近、从快解决困难，以应对和解决老年人的特殊养老服务需求。比如，当老年人突发疾病时，依托养老服务信息平台可以在第一时间把社区、养老服务机构、医院的资源整合起来，成为生命救援的重要组成部分。其次，鼓励相关企业与农村养老服务管理中心合作，创新养老服务方式。比如乡镇理发店可以接入居家养老服务信息平台，为老人提供上门理发服务；村镇药店、社区超市等都可以接入居家养老服务信息平台，为老人提供多种多样的上门服务，从而实现老人便捷养老和企业盈利的“双赢”。

四、优化养老服务系统，发挥“三位一体”的养老服务效果

构建居家、社区、机构相协调的养老服务体系，是“十四五”规划明确提出的目标。首先，加快贯通联结智慧养老服务系统，农村智慧居家养老的功能结构可以嵌入并整合智慧社区养老、智慧机构养老的部分功能，从而构筑综合性的智慧“居家+社区+机构”养老服务体系。其次，利用5G移动通信网络、云计算、物联网、智能养老终端等，构建“智能养老”综合信息服务平台和各类数据库系统，将老人、社区、医疗机构和医护人员联系起来。通过“三位一体”模式构建，实现农村养老综合服务运营模式的全面发展，把居家养老服务做大，把社区

养老服务做活，把机构养老服务做精，把支撑做强，切实为农村老年人提供普惠型社会养老服务。

优化养老服务体系既是积极应对人口老龄化的客观需要，也是为了适应信息社会发展潮流和响应国家推动社会治理体系和治理能力现代化的战略要求的主观选择。建构智慧型养老服务体系既是我国养老服务体系优化的理想目标，也是居家、社区、机构养老模式相互融合和集成发展的方向。以数字技术为核心的智慧养老作为信息时代的利器，将在应对“老有所养、老有所依”时发挥重要作用，在老年人惯有的空间范围之中融入“智慧”新思维与新措施。数字技术和互联网的新思想、新思维，为政府落实政策和执行监管，为企业提供专业服务并接受监督提供了直接的、可视的、即时互动的管理监督方式，同时也为政府制定政策提供了大数据的支持。线上信息化的管理加上线下的人对人的服务和监督，使农村养老服务从随意性、碎片化转向专业性、系统化发展。此举有助于突破以往政府养老一元模式，能够真正建立起具备智慧性、先进性、丰富性以及有效性的智慧养老新模式，打造科技与温度交融碰撞的智慧养老“乡村样板”。

第五章 创业创收：为农民生活富裕打造数字平台

2017 年 10 月 18 日，习近平总书记在中国共产党第十九次全国代表大会上的报告中提到“就业是最大的民生。”只有切实解决好农民就业问题，农业才能成为有前景的产业，农民才会变成有吸引力的职业，农村才能变成宜居的美丽家园。习近平总书记在主持中共中央政治局第三十四次集体学习时就提到，近年来，互联网、大数据、云计算、人工智能、区块链等技术加速创新，日益融入经济社会发展各领域全过程。数据作为新型生产要素，是数字化、网络化、智能化的基础，已快速融入生产、分配、流通、消费和社会服务管理等各个环节，深刻改变着生产方式、生活方式和社会治理方式。数字乡村作为一种推动乡村就业的新业态、新模式，以信息化、数字化、网络化为重要载体，以实现乡村产业数字化、治理数据化、服务信息化以及生活智慧化为目标，正在重构现代乡村就业新形态，全面提升乡村公共服务信息化就业水平，为乡村经济社会的发展注入强劲动力。

第一节　以数字技术服务为农民就业谋篇布局，维护农民就业大局稳定

党的十八大以来，党和政府高度重视“数字乡村”建设和乡村振兴战略的实施推进，围绕乡村公共就业服务信息化建设制定了许多重要的决策部署。在十九届四中全会上，习近平总书记特别指出，要更加重视运用人工智能、互联网、大数据等现代信息技术手段提升治理能力和治理现代化水平。“十四五”时期，党中央、国务院围绕加强就业信息化建设工作提出创新性的建设意见，将就业工作的新目标、服务对象的新需求和信息技术的新发展深度融合，以“互联网+”思维引领、支持就业服务和就业管理工作实现理念创新、模式创新和技术创新，推动形成系统的省级集中、信息全国共享的公共就业服务信息化格局，实现信息化对基本民生保障、基本社会服务的支撑作用有效发挥，为进一步做好新形势下乡村就业信息化工作提供根本遵循。

立足乡村田野，放眼展望，新一轮以数字、信息为代表的数字技术革命在加快乡村数字化转型、缩小数字鸿沟、有效创新公共服务供给方式等方面发挥着日趋重要的作用。大数据、云计算、人工智能等新一代信息技术在乡村就业领域的广泛应用，驱使乡村就业方式经历着深刻变革，带动乡村公共服务效能的整体提升。这场数字技术对乡村公共就业服务信息化的有力赋能，回应了“数字乡村建设”及“农业农村现代化”的实践探索需要，助推了乡村公共就业服务的高质量发展。在田间地头，信息红利正逐渐成为实现乡村振兴亟须激活的宝贵资源，从数字助农到智慧兴农，从传统就业到灵活用工，从电商下乡到直播带货，采用云计算构建新图景，数字化、信息化正全方位、多层次、多样化地赋能乡村公共服务信息化就业，为求职指导、入职培训、复工复产、权益保障等就业环节提供了有力支撑，为乡村振兴

画卷增添了智慧的亮色。[1]

乡村公共就业服务信息化是指在广大的乡村地区，利用计算机技术和现代网络通信技术，将公共就业服务和管理职能进行优化和整合。乡村公共就业服务信息化系统是一个人机系统，涉及乡村公共就业服务的各个部门，包括计算机系统平台、数据库、网络硬件、应用软件、终端设备等，其目标是为乡村居民提供及时满意的就业服务，提升公共就业服务的整体社会价值。乡村就业服务和就业管理的信息化，涉及乡村就业工作的方方面面，不仅是一项重要的基础工作，更是改进服务质量和提升管理效能的关键措施。加强乡村公共就业服务信息化建设，为农民提供及时、有效、便捷的就业信息服务是推动公共就业服务信息化整体工作的重中之重和必由之路。在乡村地区，信息技术进村入户能够打破城乡之间的数字鸿沟，为农民提供更多适合自身禀赋条件、具有良好市场效益的就业机会，发掘更多的乡村内生发展机遇，促进乡村居民的创新就业，助力乡村振兴。

需要明确的是，当前乡村就业局势总体稳定的基本局面没有改变，结构性就业矛盾依旧突出，大量乡村富余劳动力需要转移就业，规模性失业风险不容忽视。鉴于国内仍较严峻的就业形势，为了更好地促进乡村公共就业服务信息化建设，实现更加充分更高质量的就业，国务院及中央网信办、农业农村部、国家发展改革委、工业和信息化部、科技部、住房和城乡建设部、商务部、市场监管总局、广电总局、国家乡村振兴局等有关部委制定了《国务院关于进一步做好新形势下就业创业工作的意见》《国务院关于积极推进“互联网+”行动的指导意见》《国务院关于印发促进大数据发展行动纲要的通知》《推进公共就业服务信息化建设工作指导意见》《数字乡村发展战略纲要》《“十四五”国家信息化规划》《“十四五”就业促进规划》《“十四五”公共服务规划》

[1] 李岚冰、律明:《高校就业信息化建设的问题与对策研究》，载《情报科学》，2017 年第 2 期。

《数字乡村发展行动计划（2022—2025年）》《中共中央 国务院关于做好2022年全面推进乡村振兴重点工作的意见》《2022年数字乡村发展工作要点》等一系列政策文件，提出了实施“数字治理能力提升行动”和“公共服务效能提升行动”两项重要行动，指明了“十四五”时期数字乡村就业领域的前进方向，对推动乡村公共就业服务信息化进行了全面部署，推动了以“互联网+”、大数据为代表的新理念、新技术、新模式在就业领域的广泛应用，加快实现就业服务和就业管理工作全程信息化，全面提升服务能力，促进乡村就业高质量发展，奋力实现农业强、农村美、农民富的世纪目标。推动乡村公共就业服务信息化，是乡村就业大局稳定的坚实基础、是乡村人力资源信息化的重要抓手、是公共就业服务信息化建设的关键领域。落实到乡村治理情境中，具体可从以下几方面入手。

一、坚持整体统一建设与管理，掌牢乡村就业服务体系定盘星

首先，乡村人力资源社会保障部门要加强对公共就业服务信息化建设工作的统一领导，一把手要亲自抓，采取有效措施，统筹安排人力、物力、财力，做好相关部门的协调工作。坚持统一规划、流程再造、整体建设的原则，将公共就业服务信息化建设纳入本地人力资源和社会保障信息化工作总体安排以及“金保工程”项目。依据部颁相关标准规范和工作要求，加快省级集中信息系统建设，并以此推动业务流程的优化再造，实现就业服务和就业管理工作全程信息化。在涉及工作体制、机构设置和部门利益等方面的调整完善时，要从保障促进就业、推动业务发展，增强服务能力和提高工作效率的大局出发，切实做好以下工作：

推动业务应用软件统一建设。地级以上城市统一开发使用涵盖各

项公共就业服务主体业务功能的业务应用软件，辖区内各级公共就业服务机构使用统一的业务应用软件；以统一数据中心和覆盖所有区县、街道、社区和重点乡镇、行政村的信息网络为基础，实现公共就业服务业务全程信息化。

推动个人就业信息统一管理。以统一数据中心为基础，以各类劳动者办理就业登记、失业登记、社会保险参保、扶持政策享受等业务经办为入口，实现辖区内个人就业信息的统一管理和统一使用。

推动单位用工信息统一查询。以统一数据中心为基础，以用人单位发布招聘信息、办理相关业务和享受相关政策为入口，实现覆盖乡村各级用人单位信息统一管理和招聘信息的统一发布，并逐步建立全国单位用工信息共享机制，实现“一点登陆、全国查询”。

推动就业服务项目统一实施。通过完成原劳动力市场信息系统和人才市场信息系统的整合，实现公共就业服务项目的统一管理；通过统一的就业失业登记证明，对各类劳动者实施统一的就业服务和就业管理；通过信息系统支撑的分布式服务和业务经办，使劳动者可以享受到同等的就业服务和扶持政策。

推动业务协同规则统一应用。建立业务信息协同规则，实现个人就业与失业状态信息、失业保险待遇发放信息和享受相关政策补贴信息等业务之间的信息统一，并逐步建立健全公共就业服务信息系统与社会保险管理信息系统之间，与银行、税务、财政等部门相关信息系统的信息协同联动和数据交换制度。

推动就业服务网站统一标准。依托公共就业服务业务信息系统，搭建基于互联网的就业工作网站和公共招聘网站。就业工作网站重点负责发布就业政策信息和就业服务工作信息，公共招聘网站重点负责为高校毕业生、专业技术人员及其他求职者和用人单位提供网上求职招聘服务。以网站数据与业务应用软件数据同步为基础，探索开展网上就业服务与就业管理业务经办工作。

促进公共服务手段统一提供。扩大社会保障卡在公共就业服务各项业务领域的应用，探索实现社会保障卡的跨系统和跨地区通用；利用12333人力资源社会保障咨询服务电话为劳动者提供就业政策、职业介绍、创业服务、职业培训等方面的咨询和服务。

促进市场监测体系统一建立。依托统一数据中心和覆盖辖区的信息网络，统一建立和完善现有职业供求分析和失业监测制度；以区域性或全国性就业信息平台为基础，探索建立就业预警预测制度，为政府促进就业宏观决策提供依据。

二、坚持逐一分步推进与实施，明晰乡村就业服务体系进度条

要将乡村公共就业服务信息化建设纳入当地人力资源社会保障信息化建设整体规划，依据《"十四五"公共服务规划》《数字乡村发展行动计划（2022—2025年）》《2022年数字乡村发展工作要点》等政策文件，制定本地区公共就业服务信息化"十四五"工作规划和当前公共就业服务信息系统建设方案，报送省级主管部门，经组织专家论证通过后，集中力量、落实资金、抓紧实施，并将工作规划和建设方案报人力资源社会保障部备案。

在乡村公共就业服务信息化的建设进程中，具体要做到以下几点：

坚持分类指导，有序推进。结合本地就业工作实际及公共就业服务发展要求，查找关键问题和薄弱环节，明确工作目标和实现路径，制定公共就业服务信息化工作方案，并根据各地的不同情况进行分类指导，有重点、分步骤地推进。

坚持需求导向，服务优先。全面树立以用户为中心的思想，根据服务对象的需求，积极推进各项公共就业创业服务由线下向线上拓展，

构建线上线下一体的综合服务体系，优先解决提升公共就业创业服务能力问题。

坚持业务协同，信息共享。横向上，加快推进部门内部及部门间的业务协同和信息共享，避免信息的重复采集；纵向上，部省两级有效衔接，实现跨地区、跨层级业务协同以及数据的及时交换，减少信息孤岛，提升就业管理水平。

坚持应用为先，突出实效。要全面树立服务优先、业务优先、应用优先的思想，以为劳动者服务、为用人单位服务为重点，兼顾为业务管理和宏观决策服务，全面提升公共就业服务信息系统对就业工作的整体支撑水平。

坚持数据集中，服务延伸。以地市或省一级统一数据中心为基础，建立集中式数据库，统一管理各类劳动者和用人单位的就业服务与就业管理信息，实现与人力资源社会保障其他业务系统间的信息共享；通过信息网络将服务延伸到区县、街道和乡镇、社区和行政村，为城乡各类劳动者和用人单位提供更加便捷、有效的就业服务。

三、坚持重点和关键领域先行，守住乡村就业服务工作压舱石

持续完善就业信息化重点领域建设，加强脱贫人口、农民工、乡村青年等群体就业监测与分析。充分利用互联网新业态汇集岗位信息，拓宽广大农民外出就业和就地就近就业渠道。为转移乡村劳动力、返乡农民工等群体开展职业技能培训，支持帮助其就业创业。推动互联网企业在乡村地区开展互联网助农项目，为农民增收开辟新渠道。具体做到以下五个方面：

（一）增强乡村公共就业服务信息化内部机制的普及性

建立健全乡村公共就业服务信息化在建设、运行、应用、安全、

管理等方面的规章制度。将信息化建设情况纳入乡村公共就业服务绩效评估标准体系，制定相应的奖惩办法，确保乡村公共就业服务信息系统建设、运行和管理工作的顺利推进。同时推动建立乡镇之间信息交换和数据互通机制，实现乡村地域范围内劳动者信息和用人单位信息的集中管理和统一使用，统一数据中心涵盖乡村范围内各类劳动者求职就业和享受政策信息，实现对乡村劳动力和用人单位提供就业服务与就业管理的全程信息化，确保乡村公共就业服务信息系统覆盖到位，服务功能和业务管理到位。国家出台一系列财政税收、金融保险、用地用电、科技创新、人才保障等扶持政策，吸引更多农民工等返乡入乡人员在乡村投资兴业。截至 2019 年，全国返乡入乡创业创新人员达 850 万人，带动就业约 4000 万人，本土创业创新人员达 3100 多万人次，年均增长均为 10%。其中，利用信息技术创业创新人员达 54%，82% 以上发展产业融合项目，成为乡村振兴的重要力量。

（二）保障乡村公共就业服务信息化补贴资金的安全性

做好乡村公共就业服务信息化建设立项工作，加大各级就业专项资金对下级公共就业服务信息化建设工作的支持力度，包括计算机及网络硬件、软件购置，以及开发应用支出，并将系统后期维护资金纳入同级财政预算。依托信息系统，通过部、省、市三级联网，建立健全以统一数据管理和实名制为基础的各项就业政策补贴资金的统计与监督管理制度，保障政策补贴资金安全运行。

（三）提升乡村公共就业服务信息化建设项目的精准性

加强对乡村公共就业服务信息化建设项目的监督和管理，在进行项目招标和软硬件采购过程中，遵循有关招投标和政府采购的法律法规。充分发挥代理和监理等第三方的作用，防范和化解各种风险，确保项目进度和质量，提高资金利用率。建立健全基于互联网的乡村就业服务网站，注重农民内生性本土化的信息化应用，为乡村闲置劳动力提供就业相关信息服务。[①]以统一数据中心为基础，建立就业工作网站、公共招聘网站与业务应用软件间的实时数据交换机制，探索开展相关业务的网上经办工作，健全网站信息收集、发布与更新、管理业务规程，保证就业平台信息的精准性。

（四）聚焦乡村公共就业服务信息化考核评估的动态性

要加强对本地公共就业服务信息化建设工作的跟踪检查和业务指导。人力资源社会保障部组建公共就业服务信息化建设工作推进小组，承担相应的政策制定和业务指导工作，建立相应的考核评估制度，并对当地公共就业服务信息化建设工作进展情况进行监督检查。各地要按照公共就业服务信息化建设考核评估制度的要求，制定本地区具体考核评估内容和评价标准，对下级相关工作进展情况进行定期检查评估，并将评估结果报人力资源社会保障部。

（五）发挥乡村公共就业服务信息化先进典型的示范性

人力资源社会保障部根据各地经济发展、业务开展及公共就业服务信息化建设情况，选择具有代表性的地方作为公共就业服务信息化建设工作示范点，并按照有关考核指标，对示范点建设成果进行考核评估，通过组织经验交流会和现场观摩等活动，加强指导，树立典型，以点带面，推动全国公共就业服务信息化建设工作。

① 赵万里、高芙蓉：《乡村振兴战略中的信息化建设及其需求侧转向》，载《江苏行政学院学报》，2019 年第 2 期。

四、坚持平台和载体孵化并举，培育乡村就业服务工作生力军

（一）提升乡村公共就业服务信息化建设体系的完整性

公共就业服务信息化建设工作始于20世纪90年代的劳动力市场信息网络和人才市场信息网络建设。原有的公共就业服务信息化网络体系包含了业务应用软件、计算机网络、信息数据库和相关网站等方面的建设工作，但目前乡村地区的公共就业服务信息化建设水平与就业工作总体要求尚有差距，存在着区域发展不均衡、业务系统不统一、网络覆盖不广泛、服务形式不便利等问题，信息化应用水平较低，全国性就业信息平台尚未建立，难以满足全社会就业服务和就业管理工作的需要。在各地整合人才市场和劳动力市场的过程中，也亟须对公共就业服务信息化建设体系进行统一规划和统一建设，全面加强信息化对就业工作的支撑作用。

（二）促进乡村公共就业服务信息化建设机构的多元性

现阶段，乡村创新创业特色平台多元化趋势明显，《国务院关于促进乡村产业振兴的指导意见》提出，要建设一批现代农业产业园、农业产业强镇、乡村一、二、三产业融合发展示范园等各类人才返乡入乡创业的重要平台。创建一批具有区域特色的乡村创新创业示范园和实训孵化基地，推动技术成果的转化。通过积极搭建返乡入乡创业平台，在全国认定了1096个各具特色的全国乡村创新创业基地（园区）和200个乡村创新创业典型县。完善全国乡村创新创业园区和孵化实训基地设施条件，为返乡创业人员提供见习、实习、实训、演练场所和机会，提高创业技能。

乡村公共就业服务信息化是乡村就业信息化工作的支撑。同时，乡村公共就业服务信息化与社会保险信息化相互联系、互为依托，是

做好乡村人力资源工作的重要基础，也是掌握情况、把握形势的重要手段。要充分认识乡村公共就业服务信息化建设工作的重要性，将其作为乡村人力资源社会保障信息化的基础工程，明确规划设计、开发建设、应用管理、运行维护的责任主体，明确责任、权利和义务，确保完成乡村公共就业服务信息化建设工作的各项目标任务。此外，要鼓励引导社会力量参与乡村公共就业服务，广泛吸引、接纳志愿服务组织、慈善机构和专业社会工作服务机构参与乡村公共就业信息化建设工作，充分发挥社会力量，加强与专业技术公司的合作，做好乡村公共就业服务信息系统建设和维护等各项工作，拓宽就业服务供给渠道和服务范畴，发挥社会机构的资源优势，推动乡村公共就业服务供给主体多元化。

（三）提高乡村公共就业服务信息化人才队伍的专业性

农业农村部、国家发展改革委等九部委深入实施乡村创新创业带头人培育行动，重点扶持返乡创业农民工、鼓励入乡创业人员、发掘在乡创业能人，壮大乡村创新创业人才队伍，提升乡村创新创业层次水平。预计到 2025 年，培育乡村创新创业带头人 100 万以上，基本实现农业重点县的行政村全覆盖。

截至 2020 年上半年，全国已建成 6959 家众创空间、4849 家科技企业孵化器服务创业团队和 62 万家企业，参与创业和实现就业人数超过 395 万人。积极推动创业孵化载体和科技服务载体建设，大力培育服务科技型中小企业，乡村创新创业载体带动作用明显增强。通过建设专业化众创空间、科技企业孵化器等创新创业载体，吸纳大学生、返乡农民工、乡土人才和科研人员深入乡村创新创业，有效带动农民工就业。

鼓励新型职业农民创立自主农业品牌，加快建立和培养一支信息化建设、维护、管理的人员队伍，加强对乡村公共就业服务信息化服务人员的业务培训。加强现代农业产业园和农业现代化示范区建设，打造农业全产业链，提升农业价值链，吸纳带动更多就业。实施农民合作社规范提升行动、家庭农场培育计划和高素质农民培育计划，推动小农户与现代农业发展有机衔接，扶持一批由农业产业化龙头企业牵头、家庭农场和农民合作社跟进、广大小农户参与的农业产业化联合体，实现抱团发展，促进农民就业增收。加强创业培训，培训一批乡村创新创业导师和领军人物；加强全国乡村创新创业导师库建设，开展“一带一”“师带徒”“一带多”等精准服务，助推乡村创新创业带头人队伍迅速壮大。

第二节　以数字技术平台为农民就业搭台架桥，实现农民务工全程帮扶

2022年1月26日，中央网信办、农业农村部和国家乡村振兴局等十部委联合印发的《数字乡村发展行动计划（2022—2025年）》强调，要加强乡村公共就业服务信息化建设。随着数字技术不断发展，我国各级人力资源和社会保障部门已经基本建立了公共就业服务网站，提升了就业信息的整合和公开程度，但各级公共就业服务平台仍存在着供给碎片化、信息共享机制不完善以及线上培训资源有限等问题，加上现有平台并非针对农民需求设计，使得农民难以获得准确及时的就业信息和有效强劲的就业竞争力，同时也加大了农民跨区域就业的难度。在大数据和物联网等数字技术引领新一轮科学革命和产业变革的时代新风下，通过绘制农民就业信息获取图、建立农民培训数字资源库、完善多层级共享信息圈、建构农民失业动态监控仪、提升分级平台重点服务力以及铺设重点就业群体保障网以达成农民务工全程帮扶的目

标，是有效提升乡村公共就业服务能力，实现城乡就业均等化建设的重要途径。

一、绘制农民就业信息获取图，匹配劳动力市场供需状况

就业信息的获取是农民踏入市场就业的第一步。受限于教育程度，对大部分农民来说现代化的就业信息获取方式较难熟练掌握甚至无法掌握。因此绘制涵盖农民自身信息和就业岗位信息的农民就业信息获取图，帮助农民快速获取所需信息，可以有效减少农民务工就业的时间和经济成本，同时也能有效实现劳动力市场供需状况的动态匹配。

一方面，应当以县域为单位，对范围内的乡村待业、失业群体进行登记，通过云计算平台形成数据库基础资料并加以整理分析，从而总结出本县域范围内农村待业失业人员的特征特点。这些数据资料经过政府内部共享后，既可以作为县域对乡村待业失业群体就业情况进行持续性监控和调整的后备数据资源而存储下来，从而为县级政府提供便利获取的第一手数据和信息并作为其决策参考，同时又可以帮助县级政府增进对其所辖范围内劳动供给能力的了解，为其牵头寻求外部资金前来投资并与存在招工难的企业单位进行合作提供便利，协同推进县域范围内农民用工资源的合理配置。另一方面则应以市级为单位，对市内的用工企业特点、企业用工需求、用工周期等信息进行数据统计，并持续进行动态监测和更新。在结合各县域内农民基础信息情况的基础上，优化农民就业需求与企业单位用工要求之间的匹配程度。同时要及时地对数据库进行维护，若是用人单位的用工需求数据库和农民群体的供给数据库得不到实时更新，那么就没有办法通过大数据分析得出有效的参考信息用于政府决策，政府便也不能通过宏观调控解决现实社会运作过程中发现的问题。

此外，为有效提升农民对信息获取图的操作性和针对性，一方面还应为其提供专门反映问题和提出建议的较为便利的绿色通道。另一方面也需为其提供最为便利的信息获取图接入途径和方法，避免因网络平台需要高配置的电子设备等原因而将本应重点服务的人群排除在服务对象之外。

二、建立农民培训数字资源库，保障针对性劳动技能提升

在城乡不平衡发展的长期作用下，大部分乡村待业、失业群体因缺乏相关知识能力而难以进入市场就业。随着互联网技术的发展成熟，获取大量优质的就业能力培训资源本应变得更为容易，但由于针对农民就业能力的网络培训资源尚未得到有效分类整合以及相关资源供给主体发展模式还不成熟等原因，优质的培训资源依然难以获取。因此对现有农民就业能力培训资源进行整合分类并培育一批生产优质农民就业能力培训资源的自主创作者，是建立农民培训数字资源库的两条主要路径。

建立农民培训数字资源库的首要任务是对现有的培训资源进行收集和整理。各级政府以往在进行能力培训时都会积累一些优质的培训资源，对这些资源进行合理地筛选并放置于资源库内，既是对资源库建设的丰富，也是对库内资源的扩充。在进行资源库设计时也应提前设置资源分类名录，开设如社会适应能力、就业信息获取能力、劳动技能和岗位知识学习等类别的分区，从而方便资源库使用者有针对性地查找符合自身需求的培训资源。其次，针对现有线上农民能力培训资源不足的情况，在与农业院校开展优质资源供给合作的基础上，主动培育一批自主生产培训资源的创作者，并参照互联网平台的创作激励计划对生产优质资源的创作者给予奖励，在一定程度上保证数字资

源库在较长时间下的良性循环运作，从而持续助力农民就业能力的提高。

另外，在完善资源库资源供给功能的同时，还应加强资源库的在线服务功能，完善评价反馈机制。合理设置线上培训的教学、练习和评价等功能模块，有效提升线上培训效果。各地还可结合线下培训环节，巩固加强线上培训成果，做到线上培训强理论、线下实操长技能。

三、完善多层多级共享信息圈，避免不对称信息孤岛问题

利用数字技术平台实现农民就业的全程帮扶还应包括跨部门、跨层级共享信息圈的建立完善。目前借助网络平台的实时沟通共享功能，我国已逐步完善了就业信息公开体系，在部分城镇进行试点并成功取得了一些成绩，但面向全国的多层多级信息共享机制仍处在起步阶段。[①]

目前与乡村就业公共服务相关的户籍、社保、培训等信息仍分散在不同的部门，不便于信息的使用，也不利于就业公共服务的高效供给。因此，应通过数字技术将乡村的就业公共服务信息资料进行跨主体的汇总、梳理、整合和分析，避免因信息提供主体过多而缺少交流交换机制形成的信息孤岛问题，同时为政府部门提供可参考性的分析建议，供其决策时使用。

上述工作的落实和推进需从两个层面着手：第一个层面是信息整合层面，在各级政府已有的就业信息平台基础上，通过爬虫或大数据技术对一定范围内的就业信息进行汇总整合，减少相同信息的重复获取。第二个层面是机制创新层面，通过数字平台和互联网渠道搭建跨部门跨层级的整体性沟通渠道和会议平台，由相关负责人定期进行远程会议，保障不同时期信息交换共享，并进行定期检讨和调整。

① 王锡锌：《政府信息公开制度十年：迈向治理导向的公开》，载《中国行政管理》，2018 年第 5 期。

四、建构农民失业动态监控仪，关注待就业期间基本需求

我国农村人口城镇化远远滞后于农村土地城镇化，由此带来了以农民失地失业为主要表现的一系列问题。在城镇化进程中，失地、失业农民人数剧增可能导致的社会问题值得关注，因此建构专项农民失业监控仪，对其待就业期间的需求进行长期持续性关注并形成可视化的动态图谱，是应对乡村农民返贫的可靠手段。

具体而言，乡一级政府为各辖区内的农民建立专门的失业动态监控机制，在登记农民信息的同时，将其就业状态上传至动态监控平台，并对其就业状态实时跟踪，对长期处于失业状态的农民予以高度关注，调查其中存在的问题，重点帮扶其就业；对于失业频率较高的农民群体也要格外注意，询问其中的原因，针对性地解决，让其摆脱失业再就业再失业的恶性循环；对于一次性就业成功的农民群体也要实施不定期检查，了解其就业心理和职业生涯规划，做到未雨绸缪。

同时利用数字技术监控数据，及时预防失业。乡一级政府要利用失业监控机制统计出的数据，及时做出应对措施。对于录用了失业农民的企业，政府要加大援助，采取财政、税收、社会保障等综合性政策措施控制失业源头，全面推进社保降费、失业保险返还等政策落地，鼓励企业不裁员、少裁员，支持企业吸纳农民就业的同时，预防其缩减就业岗位造成农民再次失业。

五、提升分级平台重点服务力，实现多层级平台优势叠加

党的十八大以来，各级公共就业服务平台在就业促进工作中发挥了重要作用，成为新时期实施积极就业政策的主要工作载体。经过多年的发展，我国就业服务平台具备了坚实的基础。随着就业工作和人才工作的不断推进，我国已经基本建立了覆盖省、市、县（区）、街道（乡镇）

和社区的公共就业服务平台体系。当前，以贵州荔波县、四川苍溪县以及河南方城县为典型，全国多地均建立起以“县乡村”三级联动为主要模式的公共就业服务平台。其中贵州荔波县进一步在全县范围内建成“县乡村 + 网格”的多级就业服务平台，为县域内的乡村提供了全方位的就业服务。

贵州荔波县在县一级成立人力资源公司，分别为企业和县内劳务公司或合作社提供招聘、培训、派遣与政策解读、信息提供和权益保障等服务。在乡一级成立劳务公司配合县级人力资源公司在各乡镇内开展人力资源外包、职业中介、就业创业指导、信息咨询、建筑劳务分包等常规人力资源服务。同时在县乡两级指导下成立村级劳务合作社，采集各村劳动力信息，提供求职登记、岗位推荐、就业培训、政策咨询等公共就业服务。另外还在各村设置就业信息网格员，由他们负责村民教育、政策的宣传和落实工作。从成效来看，荔波县通过发挥多级平台合作优势，截至 2020 年 7 月，已办理求职登记 1085 人，开展就业推荐 780 人次，达成就业意向 376 人，成功实现就业 239 人。

由于我国特殊的基层治理结构，县、乡、村三级在提供公共产品上的定位与角色不尽一致。作为城镇经济和农村经济的支撑点，县级平台应当发挥资源聚集的优势，乡级平台发挥沟通县级平台与村级平台的链接作用，而村级平台则将各项任务工作落到实处。因此可以预见，分级提升优化各级平台的服务水平，实现多层级平台优势的叠加是未来乡村就业数字平台发展的方向之一。以此为依托搭建县级公共就业服务平台，将能有效发挥县域经济的辐射带动作用，推动城乡公共就业服务均等化发展。

六、铺设重点就业群体保障网，防止失业性个体返贫现象

随着我国实现脱贫攻坚战的全面胜利，全国范围内的绝对贫困已经消除，但个别地区的相对贫困情况依然存在，如何防止脱贫人口的再次返贫成为实现乡村善治、推进乡村振兴所面临的首要问题，尤其是一些失业性个体还面临较大的返贫风险。相较于城市更加活跃发达的市场经济条件，乡村地区重点就业群体在就业机会、工资水平和工作稳定性等方面都处于低水平状态，因此乡村地区重点就业群体的返贫风险也更高。现有就业帮扶政策已显现出巨大活力，随着数字技术的发展，其本身所具有的信息高效获取、精准处理和严格保密等特点与帮扶政策的原则和目标不谋而合，利用数字化手段铺设针对重点就业群体的权益保障网，防止失业性个体出现返贫现象，是实现城乡公共服务均等化的题中之义。

国家对数字技术赋能乡村重点地区重点群体就业服务工作高度重视。2021 年 12 月颁布的《“十四五”公共服务规划》就提出，要在欠发达地区特别是脱贫地区、易地扶贫搬迁大型安置区建设公共就业服务机构，提供全方位公共就业服务。加快推动公共就业创业服务数字化转型，打造集政策解读推送、业务办理咨询于一体的线上智能服务、线下自助服务体系。做好重点就业群体的数字化就业服务工作，需要通过数字化手段建立集岗位信息获取、培训资源整合和保障服务提供等功能于一体的线上平台，以解决乡村重点就业群体在群体职业选择狭窄、就业竞争力不足以及权益保障受限等方面的问题。

要最大限度发挥数字化手段的乡村重点就业群体就业促进职能，需要数字技术在乡村重点就业群体的可及性问题上首先发力，因此要加大乡村数字化基础设施建设力度，并推动数字技术尤其是互联网在乡村的普及和应用，增加乡村重点就业群体数字技术可得性。其次，

加强乡村重点就业群体互联网使用培训，在提升乡村重点就业群体互联网使用熟练程度的同时，引导乡村重点就业群体合理设定上网时间和科学甄选上网内容。最后，还要注重乡村重点就业群体思维方式与价值观念培养，引导乡村重点就业群体敢于、乐于接受新事物、新观念，增强乡村重点就业群体通过互联网社交、学习与求职的意愿和主观能动性。

第三节　以数字技术培训为农民就业扩权赋能，促进农民收入持续增长

新一代信息技术创新空前活跃，不断催生着新产品、新模式，推动着全球经济格局和产业形态深度变革。大数据、云计算、移动互联网、物联网、区块链等新一代信息技术逐渐被应用到乡村振兴中，深刻改变了农村、农业的发展方式，提升了生产效率与发展质量。2019 年 5 月，中共中央办公厅、国务院办公厅出台的《数字乡村发展战略纲要》指出，要进一步发掘信息化在乡村振兴中的巨大潜力，促进农业全面升级、农村全面进步、农民全面发展。其中，农民是农业和农村发展的主体，数字化技术凭借其强大的数据平台、丰富多元的信息资源、先进的技术手段以及独特的传播方式，对维护农民就业权益、提升农民就业能力和促进农民收入持续增长，实现精准服务农民就业具有重要意义。

一、强化数字就业形态宣传引导，畅通农民权益诉求协商路径

数字就业形态是指伴随着互联网技术进步与大众消费升级而出现的去雇主化、平台化的就业模式，如依托于互联网平台的货车司机、网约车司机、快递员，是当前农民群体的主要就业去向，并且随着数字经济的飞速发展，数字就业形态劳动者数量呈快速上升之势。但是

由于这种就业形态用工方式较为灵活、流动量大，与经营者劳动关系较为复杂，面临着劳动合同不规范、劳动关系不稳定、社会保险参保率低等问题，并且农民群体由于自身受教育水平较低，对相关法律法规认知有限，维权意识不强、维权渠道单一，难以维护好自身的合法权益。因此,线上就业平台要加强数字就业形态下的相关知识宣传引导，畅通农民权益诉求协商路径。

一方面，强化数字就业形态宣传引导，依法保障农民合法就业权益。线上就业平台应针对数字就业形态下的特定劳动者群体，如快递员、外卖员开展法律宣传活动，聚焦农民劳动者的劳动保障权益问题，开通线上法律咨询服务并免费为其提供维权指导，此外，定时推送《宪法》《中华人民共和国劳动法》《劳动合同法》《保障农民工工资支付条例》《女职工劳动保护特别规定》等普法宣传相关资讯，提高农民劳动者的法律意识；同时加强对农民劳动者的数字形态职业指导和技能培训，加大就业帮扶力度，依法保障农民劳动者的合法权益。

另一方面，畅通农民权益诉求协商路径，切实维护农民合法就业权益。维护农民就业权益的前提是建立畅通的诉求表达渠道，及时、有效回应农民的权益诉求。线上就业平台“互联网 +”职工诉求表达机制是实现劳动者诉求的重要通道，这一通道的畅通与否，直接影响着劳动者诉求的实现以及是否快捷高效。运用新媒体、大数据技术与智能化 OA 办公系统结合，建立劳动者诉求管理信息平台，完善诉求表达通道管理机制，实现劳动者诉求服务体系化、诉求渠道多样化。此外，劳动者权益协商要求更加具有针对性和实效性，针对性是要抓住劳动者最关注最直接最迫切的利益问题进行协商，固化为制度，实效性是要加大对制度监督执行的力度，提升其对劳动者权益保障的实际效果和意义。线上就业平台在新媒体、大数据技术的加持下，能够显著增强劳动者权益协商的针对性和有效性，切实维护好劳动者的相关权益。

[典型案例]

安徽省六安市：人社“云”平台“撑腰”农民工

为维护农民工的合法权益，安徽省六安市积极创新方式方法，运用“互联网+”和大数据赋能，以“云监管、云维权、云调解”为抓手，全力打造智能、高效、便捷的权益保障平台、强化权益表达和协商机制。

智慧“云监管”。在全市推广应用安徽省保障农民工工资支付信息化监管平台，建成六安市劳动保障智慧监察指挥调度中心，实施建筑工程项目入库管理，实时动态监管农民工工资保证金专户、工资专户。

掌上“云维权”。将全国根治欠薪线索反映平台与国务院客户端微信小程序、“掌上12333”小程序等关联，作为受理农民工欠薪等投诉案件的重要渠道，推动实现农民工指尖维权、线上受理，降低维权成本。

网络“云调解”。持续推进“互联网+调解仲裁”工作，引导当事人通过调解途径解决纠纷，推动劳动争议纠纷网上申请、网上调解、网上结案，并加强调解队伍建设，全面提升调解工作质效。

（资料来源：《人社“云”平台“撑腰”农民工》，六安市人民政府网。）

二、推进新型职业农民数字培训，提升农民综合数字素养水平

新型职业农民数字培训是指依托数字技术，将传统职业农民培养教育成为具有高技能与高素质的现代化农业从业者的过程，是当前有效解决乡村就业问题的重要途径之一。实施新型职业农民数字培训能够有效提升农民综合数字素养水平，更好地适应就业市场和时代发展的需求。在数字乡村高速建设的发展机遇下，应继续加强数字技术对新型职业农民培训的支撑作用，整合现有共享开放的网络资源，创新培训手段，加快促进农民传统观念更新；丰富培训内容，着力提升农民数字素养；转变培训形式，有效提升农民技能水平，从而建立一支现代化的新型职业农民队伍。

（一）创新培训手段，加快促进农民观念更新

新型职业农民培训是根据生产经营型、专业技能型和社会服务型三种岗位类型分类培养，以职业价值观为引领、以职业技能培养为重点、以职业道德修养为依托、以社会需求为中心、以创新创业精神为特色的现代化职业培养体系。大数据、物联网等数字技术的应用使得传统的培训手段发生改变，同时也加快了农民就业观念的更新，主要表现在职业转换和身份转化两个方面。[①] 职业转换是指“离土不离乡”，农业人口从农业生产领域转向非农产业领域，实现职业的非农化。身份转化是指农民群体社会文化属性的转型以及新时代农民角色内涵的深化过程。传统农民和新型职业农民的区别在于从“身份”的被动赋予到“职业”的主动选择。数字化技术加持的新型职业农民培训工程有力推动了农民职业转化和身份转化，显著提升了农民作为乡村治理主体和受益主体的内生动力，增强了新型职业农民主体的责任意识和担

① 孙璇、吴肇光:《数字化就业的演进历程、发展瓶颈与促进数字化就业的策略研究》，载《产业经济评论》，2021 年第 2 期。

当精神。

一方面，加强宣传引导与组织培训，引导农民转变思维方式。基层政府和相关培训机构积极组织实施面向新型职业农民的农村电商、乡村直播等接地气且实用性较高的宣传引导和组织培训，形成学习数字技术的新风尚，培养农民适配网络时代的思维意识以及技术手段，鼓励新型职业农民学习并掌握 5G、物联网、大数据、人工智能等现代信息技术。引导农民及时转变思维方式，摒弃传统观念，敏锐地抓住数字乡村建设高速发展的重要窗口期，以更加积极昂扬的态度拥抱互联网。

另一方面，推动数字技术与农村发展融合，营造良好的发展环境。随着数字新技术与农业农村发展的深度融合，农业全产业链逐步升级转型，持续激发乡村数字经济的创新动力、创业潜力和创造活力，为农民职业转换和身份转化提供良好的物质基础和发展环境。凭借乡村数字经济发展的东风，转变新型职业农民培训方式，引导农民树立不断自主学习的观念，增强农民主动获取信息学习的意识，培育农民投身乡村数字经济建设的精神，争做数字时代有文化、能创新、敢创业、懂管理、善经营的“数字新能人”；勇于打破乡村的传统生产方式，完成智能技术与乡村场景的有机“嫁接”，重塑城乡融合发展的创新理念和沟通方式，促使农业经济不断焕发创新活力。

（二）丰富培训内容，着力提高农民数字素养

数字素养的提升，可以让农民享受到数字化发展的红利，拥有更多个人发展的机遇。数字化素养是指“与数字新媒介交往的能力与理念”，农民的数字化素养就是农民对数字媒介的使用能力和对媒介信息的基本看法，主要包括媒介认知和媒介行为。2022 年中央一号文件提出，要加强农民数字素养与技能培训。这对于解决当前农民数字素养、

数字运用处于较低水平的问题具有很强的现实意义。数字化技术在乡村的发展与运用使得新型职业农民培训内容得到丰富，为提高农民数字素养、助力农民灵活就业创业提供了机遇。提升农民数字素养，主要可以从以下三个方面入手。

一是搭建数字技能培训平台，提升数字技术应用能力。通过利用数字化手段，搭建农村电商培训等提升农民数字技能的平台，汇集整合新技术推广、电商销售、新媒体应用等优质培训资源。积极开办农村电子商务培训班，开设各种各样的在线课程，为农民量身打造合适的课程训练、专题讲解以及技能培训，鼓励农民运用数字化技术进行创业实践，有效提升农民的数字技术应用能力。

二是加强数字乡村宣传和示范，提升数字技术认知水平。在进行职业农民培训的过程中，加强数字乡村应用场景宣传和示范，通过数字化技术全时空采集“三农”数据，将数字化真正融入乡村生活的日常画卷之中，让农民领略数字技术的魅力，挖掘农民使用数字技术的潜在需求和内在动力，在宣传和示范中助力农民思维方式转变和认知水平提高，切实提升农民对数字技术的认知和学习意愿。

三是建立农民数据信息平台，提升信息获取的便捷性。政府、企业、公益组织、高校等多个主体共同参与，建立新型职业农民培训的数据信息平台及信息资源库，从农村青年、外来下乡人员中选聘信息员，持续推进农民手机应用技能培训工作，让他们掌握网上购物等常见的技能，提高农民对数字化“新农具”的使用能力。此外，为农民提供通俗易懂的多元化内容，多开发一些简单易操作的微信小程序和 App，让农民得以便捷有效地获取媒介信息。

（三）转变培训形式，有效提升农民技能水平

自 2012 年中央一号文件首次提出“新型职业农民”这一概念，我

国对新型职业农民培训实践开展了 10 年的探索与发展，取得了一系列显著的成效。但是不可否认的是，目前我国新型职业农民培训实际参与率及实际效果并不理想，一方面是因为新型职业农民培训没能很好地对接农民、农业从业人员等受训主体的实际需求，培训的开展缺乏针对性；另一方面是新型职业农民培训形式较为单一，一定程度上忽视了农民主体的差异性，导致培训效果不佳。数字技术的应用为新型职业农民培训形式的转变提供了契机。

一是打造新型培育形式：线下、线上共同发力。通过数字化技术的数据分析功能，能够实现新型职业农民培训从“端菜式”培训到“点菜式”培训的转变。一方面，政府、社会组织和企业等培训主体利用数字技术能够快速准确地掌握农民的文化水平、生产状况、经济水平、产业布局等信息，精准分类，点对点对接培训；另一方面，对用户搜索信息、观看信息进行二次整理可以充分把握农民对知识的需求情况，并以此为根据对农民进行有针对性的信息推送，提升线上培训的有效性。同时，线下相关培训机构可以建立线上账号，根据农民需求有针对性地制作和发布培训课程，使线下课程与农民需求相匹配，提高培训课程的实用性。此外，农民还可以通过线上培训平台发布不懂的知识点，提升培育效果。

二是网络协同帮扶机制：使专家指导成为可能。通过网络技术构建网络协同帮扶机制，不但可以推进优质的数字教育资源共建共享，而且还可以吸纳社会力量参与开放式的网络课程建设，支持农民学习、接受培训。在帮扶机制下，专家在线答疑，一对一远程指导农民解决问题，增加专家与农民的互动，确保新型农民培训“学有所用、用有所成”。

三是培育工作日常化：利用农民的碎片化时间。农业生产类工作具有工作强度大、工作时间集中的特点，并且农民碎片化时间较多，难以像在校学生一样进行长时间、高强度的系统性培训。因此，利用好农民的碎片化时间是新型职业农民培训取得成效的关键。数字化技术使培训工作日常化成为可能，充分利用农民的碎片化时间，大大提高了农民培育工作的效果，同时有利于改善整个农村的学习氛围。

[典型案例]

浙江常山：以数字赋能推动农民培训“接网上云”

浙江省常山县积极探索新型职业农民培训数字化变革，以数字赋能推动农民培训工作“接网上云”，推出一套便捷智能模式、构建一个课程匹配系统、瞄准一类新型数字化农村人才，成功搭建数字化农民培训系统。

推出便捷智能培训模式。实施农民“培训券”制度，依托乡村数字“大脑”，以人社部门依托电子社保卡为媒介，推出“电子培训券 1.0 版本”，实现学员“持码”，自主选择课程、时间、机构。针对“第三代农民工”，因群制宜，推出“空中课堂”形式，打破时间、地点约束。紧追热点，推出“常山村播”抖音号，定期发布农技科普视频。

构建学员课程匹配系统。以农业大数据平台为载体，推出“农民培训”模块，导入机构、课程、学员基础信息，输入智能运算机制。根据学员年龄、文化基础、技能需求，对培训对象进行分类，实现学员培训“一键配对”精准培训。

培育新型数字农业人才。面向村干部、新农人、农创客开设数字化营销、数字化管理、数字化生产等数字化培训专题，为农村数字化发展储备人才；捕捉风口，紧瞄直播带货，推出农民带货、乡土直播员培训课程，实现农民变主播、手机变农具、直播变农活。

（资料来源：《常山县以数字赋能推动农民培训“接网上云”》，浙江农业信息网。）

三、推动数字技术融入一三产业，夯实乡村现代农业产业基础

产业兴旺，是解决农村一切问题的前提，更是促进农民增收的重要基础。要把产业振兴作为乡村振兴的重中之重，通过推动数字技术与乡村产业融合，夯实乡村现代农业产业基础、实现乡村产业高质量发展促进农民增收。

乡村产业兴旺，是保障农民收入的基本盘。在数字经济发展大潮中，一些地方积极推动数字技术与乡村产业融合，有力促进了农业生产智能化、绿色化发展，数字经济赋能乡村产业的成效不断显现。数字技术应用到农业产业链，能够显著提高农业劳动生产效率、促进资源优化配置、降低农业生产的管理成本、加速农业社会化分工协作。目前，“蔬菜工厂”“棚联网”“数字鱼”等新型数字化种养模式正在涌现，“环境—作物（动物）—管理”关系不断优化，传统农业的生产要素效率持续提升，取得了消耗降低、品质提升、产量增加等多方面成效。数字科技的创新应用，不仅能够改变农业的传统面貌，还能有力带动农村一三产业融合发展，催生出创意农业、认养农业、农旅融合等新业态新模式，创造出更多高质量就业岗位。

目前，我国农村地区数字化水平较低，应加大推进数字技术与产业融合力度。一方面，补齐农村地区信息基础设施短板，建立健全农业数据采集系统，完善信息终端和服务供给，扩大数字技术对乡村产业特别是农业的覆盖。另一方面，强化面向农业农村的数字科技创新

供给，发展智能化农业装备，改进农业科技信息服务，推动更多数字技术深度融合到乡村产业中。

四、发展农村数字电商产业平台，丰富农民就业创业方式选择

（一）发展农村数字电商产业平台，提升农产品价值链水平

农村电商的蓬勃发展，拓宽了农产品销售流通渠道，推动农产品市场实现了质的飞跃，重塑了农产品价值链，是增加农民收入的有力抓手。近年来，依托于数字技术的发展，农产品市场规模不断扩大，为小规模农业进入全国市场提供了有利条件。同时，大型电商平台企业的业务范围从销售端延伸到了生产端，通过大数据信息获取市场需求，引导农村产业结构、产品结构进行调整。农村电商的兴起，带动了相关产业的发展，如冷链物流、快递业，大幅降低了农产品的运输成本。在数据流、资金流、物流的交互作用下，农产品优质优价市场机制加快形成，农业增产增收的市场条件更加完善。

实现乡村农民共同富裕，推动农民收入稳定持续增长，需要发挥好农村电商在提升农产品价值链水平中的关键作用，坚持系统观念，着眼于生产、流通、消费全链条发力，实现更低成本、更高效率、更高价值的供需对接。在促进生产方面，鼓励电商平台企业在重点产区建设产地仓、直采基地，加快分拣、包装、冷储等消费前“一公里”产业在乡村落地，不断拉长产业链条。同时，强化对消费端大数据的研发应用，引导乡村种养业结构调整，扩大优质绿色产品供给，培育区域性农业品牌，提升农产品价值。在畅通物流方面，促进农村电商与农村快递物流融合发展，鼓励城市商超、物流企业与农户、合作社、农业企业等对接合作，支持冷链仓储、乡村道路等基础设施建设，努力破解配送成本高的难题。在扩大内需方面，加强政策统筹，推动农

村电商高质量发展，更好支撑农产品出村进城。

借助电商直播平台，山东烟台苹果、湖北洪湖莲藕等一大批农产品成为“爆款”。数据显示，2021年，全国农村网络零售额达2.05万亿元，农产品网络零售额达4221亿元。农村电商的蓬勃发展，为广阔乡村搭建了农产品流通新平台，拓宽了农民增收渠道，激活了乡村振兴潜能。

（二）丰富农民就业创业方式选择，扩大农民收入增长来源

当前，农民工资性收入占比超过4成，是农民收入的大头，把握数字乡村发展的机遇，增加农村就业岗位，促进农民高质量就业，是实现农民工资水平稳步增长的重要途径。

随着数字技术的新业态不断涌现，休闲农业、乡村旅游、乡村民俗等产业不断壮大，农民就业机会增加，就业选择更加丰富。同时，数字技术使得创业门槛降低，农民创业成为新的就业风尚。为实现农民高质量就业，要从创业和就业两个方面发力，一方面要促进就地就近就业增收，落实好财政、金融、用地、人才等扶持政策，为农民创业提供更全面、更贴心的服务，形成创新带创业、创业带就业、就业促增收的格局，让农民在家门口就有活干、有钱赚。另一方面要促进外出务工就业增收，加强农民职业教育和技能培训，提高科技文化素质，完善就业支持政策，保障农民稳岗就业。

第六章
增能增效：为基层政务服务效能优化提供数字支撑

《中华人民共和国国民经济和社会发展第十四个五年规划和 2035 年远景目标纲要》明确提出，要全面推进政府运行方式、业务流程和服务模式数字化、智能化。深化“互联网 + 政务服务”，提升全流程一体化在线服务平台功能。加快构建数字技术辅助政府决策机制，提高基于高频大数据精准动态监测预测预警水平。强化数字技术在公共卫生、自然灾害、事故灾难、社会安全等突发公共事件应对中的运用，全面提升预警和应急处置能力。一方面，基层是与群众联系最紧密的层级，是将各项政策落地落实、传达到群众手中的基础。提升基层政务服务能力是加强基层治理体系和治理能力现代化建设的关键一步，也是推进乡村振兴战略的关键环节。另一方面，随着数字时代的到来，互联网等新媒体已逐步成为信息交互的主要媒介，工作效益提升的关键工具。习近平总书记强调：“要坚持发展与治理相统一，网上和网下相融合，广泛汇聚向上向善力量”。[①] 因此，推动基层数字技术建设，是推进基层政务服务能力的重要抓手。

[①]《习近平谈治国理政》（第四卷），外文出版社 2022 年版，第 319 页。

第一节　实现“一网通办”，推进一体化服务平台建设

2019年习近平总书记在上海考察时强调，要抓一些“牛鼻子”工作，抓好“政务服务一网通办”“城市运行一网统管”，坚持从群众需求和基层治理突出问题出发，把分散式信息系统整合起来，做到实战中管用、基层干部爱用、群众感到受用。“一网通办”就是要打通不同部门的信息系统，群众只需操作一个办事系统，就能办成不同领域的事项，解决办不完的手续、盖不完的章、跑不完的路这些“关键小事”。除了实现各行各业不同部门信息系统的连接，还要打通线上线下政务服务平台，这是关系政务服务工作实效和群众办事体验的基础性工作，剑指网上办事服务由来已久的顽疾。“一网通办”通过构建一体化信息化服务，提升政府管理和服务的智慧程度，促进公共管理和政务服务能力提升。要持续推进“一网通办”，优化政务服务。

一、推动政务服务平台移动端建设标准化规范化适用化

政务服务平台移动端已成为企业和群众办事的重要渠道，但从基层反映来看，政务服务平台移动端建设还存在管理分散、标准规范不统一、数据共享不充分、技术支撑和安全保障体系不完备等突出问题。

2022年，国务院办公厅印发《全国一体化政务服务平台移动端建设指南》（以下简称《建设指南》），强调各地区各部门需要深化“互联网＋政务服务”、加快推进全国一体化政务服务平台建设的决策部署，按照《建设指南》要求，加强政务服务平台移动端标准化、规范化建设和互联互通，创新服务方式、增强服务能力，推动更多政务服务事项网上办、掌上办，不断提升企业和群众的获得感和满意度。同年，山西省出台《山西省一体化在线政务服务平台移动端建设工作方

案》，积极推动与人民群众日常生活密切相关的社会保障、医疗就诊、公共交通、水电气热、文化旅游等便民服务应用向“三晋通”App 汇聚，实现更多便民服务事项掌上办、指尖办。天津政务网刊发《天津市一体化政务服务平台移动端建设工作方案（2022—2023 年）》，明确“津心办”平台是天津移动政务服务的主要提供渠道和总入口。

要实现基层政务服务移动平台的现代化建设，首先，需要落实中央《建设指南》的目标与要求，明确统一标准规范、统一清单管理、统一身份认证、统一数据共享、统一应用管理等“五个统一”，完善本地区政务服务平台移动端建设。其次，需要技术支持与政府治理理念改革。政务服务质量的好坏直接影响着政府形象，人心向背。随着政务服务日益从政府供给导向向群众需求导向转变，政务 App 日益成为体现政府效能的重要窗口。要加快政务服务移动端的建设与完善，推动实现政务服务从“线下跑”向“网上办”转变，从“多次跑腿”向“一网通办”转变，增强政务服务效能。

二、优化政务服务平台功能便利性

基层政务工作有繁杂性的特点，工作要求包罗万象，头绪繁多，涉足甚广。要加快政务服务线上线下深度融合，政务服务事项全部进驻实体政务大厅和政务服务网，实现“一窗受理”“一网通办”；推进政务服务“掌上办”，围绕群众常用、常查、常办的高频事项，进一步提升政务服务便利度。依托全国一体化政务服务平台，企业和群众可直接通达全国各地区各部门平台进行业务办理。

目前，诸如“全国核酸检测机构查询”“各地疫情风险等级查询”“医保电子凭证”“跨省异地就医备案”“国家职业资格证书查询”“民航临时乘机证明”等高频服务内容，已接入全国统一政务服务平台。随着平台全面建成，更多服务将被纳入其中，群众办事查询更加方便快捷，群众的获得感、幸福感大幅提升。通过国家政务服务平台这个总枢纽，可以实现跨地区、跨部门、跨层级更大范围的网上办理，以往企业跨地域迁移涉及的业务部门多达 10 来个，办理相关事务通常需要半个月至一个月，而通过全国一体化政务服务平台，许多事项可在 1 至 2 个工作日内迅速完成办理，大大节约了时间成本。地域上，陕西省以信息化建设为载体，积极构建新城、镇街、村（社区）三级政务服务平台，高质量完成省中控平台政务服务事项标准化梳理，统一新城、街镇、村（社区）三级政务服务事项的网上标准化办事指南，同时接入陕西政务服务网与市场主体综合业务管理系统、西安市社会保险管理信息系统等业务系统，探索实行多网合一、整体联动、业务协同的运行机制，不断提升在线业务办理的成熟度、便捷度、通办度。一方面，结合微信小程序、当地政务 App、自助机器等，推出智能、自助服务办理，推动“互联网 + 政务服务”发展，缩短群众办事的时空距离。有效增强政务服务的便利性，优化政务服务流程，促进审批再提速。群众和企业可足不出户实现在线实时查询事项办理情况，解决了困扰群众的“办事难、办事慢、办事繁”等问题，大大提高了政务服务的便利性和实效性。另一方面，强调以“人民为中心”推动政府服务创新，让用户在最短时间内、以最舒适的方式获得服务，提高市民使用满意度。依托于一体化在线政务服务平台，推进主动、精准、个性化的服务，有效优化服务流程。

[典型案例]

“越有数”数字政府“一中心三板块”

深耕数字政府建设，广东省数字政府改革建设示范区在越秀挂牌。广州越秀创新打造“越有数”数字政府“一中心三板块”核心体系，构建决策科学化、治理精准化、服务多元化的整体“智”治政府，70项居民服务事项实现“零跑动”指尖办理。

通过掌上平台，动动手指就能解决问题，是越秀区不少居民的体验。2020年9月22日，光塔街道居民陈先生发现居住周边区域有施工材料占道，影响日常出行，遂通过“越秀人家”小程序“随手拍”进行情况反馈。“不到半天我微信就收到通知，告诉我处理了，回家的时候也确实看到都清理干净了。动动手指就能解决问题，现在真的是又快又方便。”陈先生说。

依托“粤省事”“穗好办”，越秀区打造“越秀人家”掌上社区，以党建引领居民参与、社会协同，推动实现“社区大小事、手机e点通”。

平台上线以来，全区110项居民服务事项中70项实现“零跑动”指尖办理，居民办证办事表格少填67%，材料少交63%，时间少花65%。街道社区实现“零柜台”，基层填表报数减少70%，开具证明减少35%。

（资料来源：《省数字政府改革建设示范区在越秀挂牌》，南方新闻网。）

三、推行政务服务数据共建共享

2016年4月19日，习近平总书记在网络安全和信息化工作座谈会上指出，要“让百姓少跑腿、信息多跑路”。[①] 多个主体重复收集数据，势必会增加社会成本，造成社会资源浪费。而究其根本原因，是省市之间、地方之间、企业与政府之间以及部门之间的数据共享不足，“数据孤岛”现象突出。依托数据共享平台实现政务服务的互联互通与信息共享，可以提升服务能力。

近年来，江西省打破 116 个省级“信息孤岛”，实现省市县“信息孤岛”全部打通，破除了数据共享障碍，建成 16 个高频共享库，提供 443 项高频数据服务，挂载数据资源 28454 项，累计为 128 个省级部门、1755 个市县部门提供接口调用服务 40 多亿次。北京市在多个办事场景中通过政务数据共享和电子证照在线查询及核验，实现办事材料精简和体验优化，已累计在线核发 619 万张电子居住证、12 万张电子出生医学证明。广东省在 2017 年提出推进数字政府建设，目前政务服务事项网上可办率已达 100%。以个人服务为主的“粤省事”移动政务服务平台实名注册用户量超过 1.5 亿，以企业服务为主的“粤商通”移动政务服务平台实名注册商事主体超过 1400 万。

完善政务服务一体化建设，推进政务服务数据共享体系建设，要做到标准统一、整体联动、业务协同，推动申请材料电子化、数据信息化。要以数据共享技术为媒介，简化、优化服务程序，围绕深化政务服务应用，整合数据资源。要为群众提供多样化的办事选择，让办事群众少跑腿、不跑腿，办事更顺心。

① 中共中央党史和文献研究院：《习近平关于网络强国论述摘编》，中央文献出版社 2021 年版，第 25 页。

[典型案例]

“云”上共享 共举为“元”

2022年6月29日上午，吉林省农村经济信息中心和“吉农云”建设运营商主办的吉林省“共享元”数字农业农村服务联合体建设大会在长春召开。

首批“共享元”服务联合体单位有36家入驻，涵盖大专院校、科研院所、智能科技、农资农服、网络通信、金融保险、教育培训、医疗康养、休闲乡旅、收储物流、电子商务等11个领域。联合体依托“吉农云”平台，集社会各界服务资源，以渠道共享、能力共享、用户共享、数据共享、优势互补、互促共进的方式，合力打造吉林省数字农业农村产业服务生态。

2019年以来，吉林省农业农村厅按照吉林省委、省政府的统一部署，对已经建成的23个主应用系统进行底层打通和数据汇聚，建成全省统一的吉林省数字农业农村云平台，简称“吉农云”，同时开发了手机应用端——“吉农码”。作为省、市、县、乡、村五级架构的工具化平台，“吉农云”面向政府部门、经营主体、农民、涉农企业和社会化服务组织，提供全方位数字化应用服务。

（资料来源 :《吉林省“共享元”数字农业农村服务联合体成立》，人民网。）

四、强化政务服务平台数据安全

如何在数据共享过程中确保安全、可靠、可控，这是一个亟须关注的社会伦理课题。数字技术催生出“最多跑一次”“互联网＋政务服务”

等便捷、高效、多样化的业务服务模式，营商环境更加开放，业务生态更加复杂，参与提供数据服务和应用服务的角色也更加多元。众多的应用给使用人员以及服务提供方带来了复杂的身份和权限管理问题，确保所有人员合法合规访问被授权的业务应用和数据资源成为挑战。需要防范内部和服务提供方等相关人员被数据的价值吸引而违规、违法地获取、处理和泄露数据，同时，需要防范外部访问人员恶意的数据窃取和数据破坏行为。

2021 年 5 月，第四届中国数据安全治理高峰论坛在北京召开；2021 年 6 月《中华人民共和国数据安全法》已由中华人民共和国第十三届全国人民代表大会常务委员会第二十九次会议通过；2021 年 12 月国务院印发的《“十四五”数字经济发展规划》明确要求，要着力强化数字经济安全体系，提升数据安全保障水平。随着数据共建共享趋势的不断发展,数据安全变得越发重要。主管部门要提高数据安全意识，提供优质信息安全服务，针对突发的网络故障、病毒暴发、网络入侵、主机故障、软件故障、业务中断、数据丢失等事件，统一提供应急响应服务，有效防范和减少用户因突发安全事件而遭受的损失，帮助用户及时准确定位安全事件并对安全事件进行处置，降低用户损失。

一方面要强化责任意识，实施政务服务平台闭环管理。在服务平台的开发和运营过程中，明确服务平台主管单位、使用单位的责任，确保网络安全责任全覆盖。建立健全安全审查审批和权限管理机制，实现服务平台开发、运营、维护和使用的全流程闭环管理。另一方面，要健全安全制度，筑牢网络信息安全“制度墙”。结合服务平台的特点，制定数据分级分类管理制度，对数据的安全等级进行划分，实行数据分级分类管理。识别重要数据和敏感字段，加强对国家秘密、工作机密、个人隐私数据的保护，严禁涉密信息公开。

[典型案例]

清镇市“三道加法”全力提升安全监管数字化水平

近年来，清镇市以安全生产专项整治三年行动为抓手，紧紧依托网格化监管系统、双控系统、监测预警系统，着力提升安全生产监管数字化、智能化水平，助推安全生产工作提质增效，助力高质量发展。

“大数据”+网格监管

深入推进基层安全生产网格化工作，建立覆盖县、乡、村、组的四级网格化监管体系，借助贵州省基层安全生产网格化监管平台，实施分级分类网格化安全监管，推动关口前移、重心下移，延伸安全监管触角，打通安全生产的最后一公里。截至2021年11月，全市网格化系统共计设置乡（镇）网格单元12个、村网格单元215个、村组网格单元1453个、网格员1432名，录入监管对象4446个，录入隐患750条，已整改750条。

“大数据”+双控系统

按照构建安全风险管控和隐患排查治理双重预防机制要求，在全市规模以上企业大力推行“双控”系统，督促企业全面建立“三张清单”，帮助企业实现安全风险自辨自控、隐患自查自治，不断提升安全生产整体预控能力，促使企业落实安全生产主体责任。截至2021年11月，全市规模以上企业共计排查出安全风险7894条，自查安全隐患81574条，已整改81541条，整改率达到99.9%。

“大数据”+监测预警

充分发挥危险化学品、地质灾害、防汛抗旱、煤矿等监测系统的预警“前哨”和“千里眼”作用，24小时不间断监测全市范围内重点行业领域所存在的风险隐患的变化情况，以便第一时间采取措施进行防范应对，坚持从源头上防范化解安全风险隐患，确保早处理早消除。截至 2021 年 11 月，4 个危化企业重大危险源、71 处地质灾害点、2 家煤矿、24 座水库已接入到监测预警系统。

（资料来源：《清镇市“三道加法”全力提升安全监管数字化水平》，人民网。）

第二节　打造“一网统管”，拓展数字化服务应用场景

2018 年 7 月，国务院印发《关于加快推进全国一体化在线政务服务平台建设的指导意见》，明确了“形成全国政务服务‘一张网’”的重要思想。2020 年，《中华人民共和国国民经济和社会发展第十四个五年规划和 2035 年远景目标纲要》强调提升城市智慧化水平，推行城市楼宇、公共空间、地下管网等“一张图”数字化管理和城市运行一网统管。“一网统管”作为越来越多地方政府提升数字化治理能力的新选择、新抓手，在政府、市场、社会管理城市公共生活的各种活动及城市公共利益最大化的过程中形成了自上而下、步调一致的普遍认知。然而要持续提升基层治理现代化水平，为政府服务效能提升提供正确思路，最终达到让人民满意的目标，仍需攻克多重难关。

一、突破主体协同困境，实现多重力量的有效链接

在数字乡村建设中存在着多元主体参与不足、角色冲突、利益差异、地位失衡、监管缺失等问题。而随着“一网统管”平台的逐步搭建，全体民众能够借助该平台直播访谈、民意征集、信息订阅等多种途径，

自由地参与互动，直接与政府部门对话，并能在第一时间得到官方回应。这一互动机制有助于重构政府、市场、社会三者之间的关系，使国家治理结构从政府主导转向多元共治，政府能够借助平台更好地为民众服务、对人民负责。

首先，从人民需求出发整合数据和业务，政府各个部门在统一的平台上共享数据、统一派单，发挥市场、社会主体的作用，推动协同治理。通过场景的整合统筹推进平台整合，政府从用户需求出发，整合集成垃圾分类、养老服务、智慧气象、渣土治理、群租治理等场景，这些场景都是从人民需求出发而不是从政府部门职能出发，有助于精准高效地满足人民群众和市场主体的需求，提升政府服务能力，改善服务体验。其次，动员公众参与，持续开发应用场景，扩大“一网统管”覆盖面，鼓励企业、社会组织、居民群众、志愿者等社会力量参与，为更多群众服务，为基层治理出力，促进基层治理更高效更精准更智慧，让公众感受到进步。借助平台化体系与多终端融合模式实现党组织、属地政府、区域企业以及零散社会力量的有效链接。

[典型案例]

数字化开创基层“智”理新格局

数字化不仅让基层服务村民更有温度，也让乡村治理更高效。

“数字化平台让基层治理变成‘智’理，让基层干部减负，基层工作‘事半功倍’啊！”中宅村支部书记胡国华感慨万分。近几年诈骗手段层出不穷，政府相关信息每日需要更新，中宅村要投入大量人力物力用于宣传，但是普及度却不高。

中宅村有9个村民小组，以前依靠村干部一个一个打电话将政府信息通知村小组组长，再由小组长通知家家户户，疲于奔命。现在好了，可以借助数字化信息平台，将政府信息“一键上传”“一点即看”，医保社保等缴纳流程都可以“一键操作”。

不仅如此，中宅村还通过数字化平台公示“五星党员”，让每一位群众都可以在系统中给党员们点赞，大幅增强党员热情，提升党组织凝聚力，以信息化手段解决村“两委”在基层党建管理、乡村治理等方面的实际需求。

“从‘治理’到‘智理’，泗溪镇将不断创新探索，”泗溪镇党委书记毛端华表示，“下一步，泗溪镇将以点带面，采取多手段、多途径激活基层治理活力，构建起人人参与、人人负责、人人尽力的共建共治共享社会基层治理新格局。”

（资料来源：《江西上高：数字化开创基层“智”理新格局》，人民网。）

二、突破数智融合技术壁垒，打造政务服务新机制

数字技术使得政府也具备了相应的特殊能力，有效应对数字时代的挑战与困境。进多门、跑多网、耗时长的办事经历正逐渐退出历史，“部门协同办”将取代“群众来回跑”，“数字化网上办”正在实现“不见面也能办”，老百姓办事更加省心省时省力。“政务服务数字化”是当前经济社会数字化转型中动力最强、需求也十分迫切的领域。“一网统管”体现了强大的技术驱动能力。近年来，云南省楚雄市科学统筹建成“数字乡村综合服务云平台”，将分散的“块数据”“条数据”全部联通“云平台”统一管理应用，涉及数字农业、数字治理、数字服务、数字经济等数10个信息化平台的数据融合共享，实现数据采集、汇总、

存储、分析和可视化运用，做到“一张图”直观展示、统计分析、服务决策，真正在平台融合应用上迈出了坚实一步。

新技术大规模应用将进一步提升政府治理的水平和能力，不断革新既有的数字治理手段，拓展数字治理应用的领域和深度。一方面要重视对专业技术人才的引进与培养。这不仅需要政府在数字技术层面有更多的资金投入，也需要有意识地强化技术人才梯队的建设，健全人才引进机制、培训常态化机制等。另一方面，注重保障数据安全。大数据的大规模使用使个人隐私信息被泄露的风险大大增加，原本只在一个政府部门内部使用的个人信息，被扩大到不同区域、不同部门之间共享使用。个人隐私信息很容易被获取，商家也可能通过各种非法手段获取信息以盈利。

三、突破传统科层制治理结构，实现政务服务跨层级、跨领域

“一网统管”提出要对跨部门、跨层级和跨区域的办事流程进行整体性重构，以线上信息流、数据流倒逼线下业务流程优化创新，跨层级之间要协调分工和相互配合。

跨部门、跨层级和跨区域的整体流程再造进一步打破了行政壁垒、信息割裂和流程断裂，让不同地域、不同部门和不同业务的工作人员达成有效的沟通、共享和协作，实现地域之间、部门之间和上下层级的一体化与无缝隙对接。这也符合林登提出的“无缝隙政府”理念，以一种整体的而不是各自为政的方式提供服务。而要进一步优化群众用户体验，就要从公众视角出发。促进各级政府真正以人民需求为中心，以问题解决为牵引，以回应质量为目标，实现全面、稳定的可持续回应。

四、突破物理环境限制，为基层工作松绑减负

基层工作任务重、压力大。“一网统管”平台治理有助于推动办公流程无纸化，让整体流程更加畅通无阻，每个环节的进度、责任人也能够清晰追溯，整个政务信息、操作系统的安全保密性也变得更为可控。协同办公功能背后是多部门、多系统的数据共享，政府职能的科学调整与设置，办事流程的再造和科学化等多方创新。

为了减轻基层负担，浙江省宁波市镇海区通过内部数字化改革，改变传统纸质碎片化办事引导方式，以事项标准化为基础，全面梳理政务事项，制作场景化、形象化、智能化一体办事指南，通过数据分析获取办事对象咨询需求，实现即点即看、手机扫码可看、一看通俗易懂的服务，让基层干部从大量行政和事务性工作中解脱出来，投入更加具体的服务中。同时，镇海区还进一步厘清部门和镇（街道）的职责，理顺“一对多”和“多对一”的机构职责关系，构建“全息智治”平台，实现事项由书面化向场景化转变，用直观的方式呈现每一个事项的牵头部门、责任部门、具体流程等要素，实现事件办理便利化、可视化。基层干部通过该平台可以一键查询“一件事”的涉及部门及处理流程，联系相关责任人，实现事件处置高效便利。

各级基层单位对工具型轻应用赋能日常管理和事件处置的需求强烈、急切。赋能中心将通过统一的服务界面，快速响应各级基层单位应用开发需求，形成高效、闭环可评价的统一需求服务流程。低代码轻应用平台作为赋能中心上线的第一个项目，则面向各级基层应用单位和应用市场开发者提供综合服务，解决基层单位需求响应慢、缺乏技术经验、应用集约化不足、应用合规性和安全性等问题，帮助基层快速实现高质量轻应用工具进行投用并发挥效能。

[典型案例]

基层减负的杭州方案:“数智”

杭州的基层减负换上“数智”的轻装后,跑得愈加欢快了。基层减负,呼声一直很高。近年来,从中央到地方,纷纷出台措施、采取行动,特别是从2019年开始,持续的专项整治,让基层减负工作收获了显著成效。

而“数智减负”,则是数字化改革赋予杭州的特殊使命。从“民呼我为”数智平台的上线,到“数智减负”之“会议管理”“数智考评”“数智报表(一表通)”等一批应用场景的发布,杭州基层减负的东风不断。已经在使用“一表通”的社区,更是早一步尝到了“松绑”带来的甜头。“以前我们填表格,需要反复查询数据,现在我们只要在手机端实时更新工作数据就可以了,科室所需报表即可一键导出。”上城区闸弄口街道蓝天社区社工朱晓娟反映,通过“一表通”的应用,她每个月花在填表报送上的时间明显减少,有了更多时间和精力走访居民。

“‘数智减负’的背后,是系统化的规划和安排,是政府内部的协同联动,也诠释了‘专业的部门和专业的人做专业的事’这一管理原则。”

(资料来源:《基层减负的杭州方案:“数智”》,人民网。)

第三节　形成“一云覆盖”,加大政务服务覆盖面

2018年,习近平总书记在中央网信工作会议上再次强调:“加快推进电子政务,构建全流程一体化在线服务平台,更好解决企业和群众

反映强烈的办事难、办事慢、办事繁的问题。”[①]“一张网”提升了政务外网能级和服务水平；“一朵云”扩大了电子政务云覆盖使用范围。政务云是指将各政府单位现有的业务归整起来，统一为其分配基础设施、支撑软件、应用系统等的综合服务平台。一方面，政务云平台将有效提高电子政务的部署效率。政务云具有较高的灵活性，政府实施新的电子政务工程时，不必购买额外的软硬件，而是利用已有云基础设施，快速部署系统，提高电子政务应用部署速度。另一方面，政务云平台能够大幅降低信息共享和业务协调的难度。通过政务云平台，多个政府部门可以共用相应的基础架构，实现各政务系统之间的软硬件共享，提高电子政务信息共享的效率，扩大信息共享范围，有利于促进各部门内部与部门之间的业务系统的整合。目前，要建成政务云平台，助力基层政务服务，还需不断破除困境，跨越鸿沟。

一、落实基层设施建设，保障配套资源支持

数字基础设施是指以数据创新为驱动、通信网络为基础、数据计算设施为核心的基础设施体系，数字基础设施是推进基层数字技术发展的关键一环。部分农村地区特别是偏远地区信息基础设施仍然十分薄弱，光纤网络、5G 网络等信息基础设施还未实现全覆盖，无法满足云计算、物联网、VR 技术、大数据、边缘计算等新技术对网络基础环境的需求。另外，大多数地方都未建立县乡级的数据中心，无法支撑起高效的数字化乡村治理。

因此应加大资源整合力度，推进数据中心基础设施建设，构建“多云协同、多云联动、统一纳管”的政务云体系，一方面要结合各基层当地发展需求，有步骤、有重点地推进，逐步实现数字基础设施的全

[①] 中共中央党史和文献研究院：《习近平关于网络强国论述摘编》，中央文献出版社 2021 年版，第 25 页。

面建设。对于5G基站、数据中心和云计算中心等关键基础设施，要做到适当的超前部署，为提供高效、个性化的基层政务服务打下基础。另一方面，要发动多元主体共参共建。要充分发挥政府资金前期建设的保障性作用，逐步激励市场发挥投资主体功能，集中建设基层网络类数字基础设施，为传统政务服务转型升级提供硬件保障。

二、以云平台为端口，为基层接入政务服务

针对群众“办事难、跑腿多”等问题，在保障数据安全的同时，要推动网络基础设施在基层的互联互通和数据资源的共享共用，实现“数据上云，服务下沉”。群众办事实现了从东奔西跑到少跑腿，甚至不跑腿，将大大提升人民群众的获得感与满意度。2021年以来潍坊市坊子区按照中央和省、市关于推进“放管服”改革、深化流程再造的部署要求，从方便群众办事的小切口入手推进“15分钟政务服务圈”改革，通过建设社区云分厅、政务服务云平台、电子证照云中心，建成就近办、智能办、掌上办的“政务云厅”，推动政务服务向基层延伸，解决了民生领域许多群众关心的操心事、烦心事。湖南省依托“新湖南云”建设“互联网+政务服务”，满足区县“新闻+政务+服务+电商”的全功能诉求，打通政务服务、民生服务数据与媒体云之间的连接。

一方面，利用“云平台”实现便民服务“智能办”。为迎合广大人民群众政务服务智能化的需求，依托区、街道政务服务中心，建设政务服务云平台，“智能+”助力便民服务。群众通过政务服务自助一体机上传材料后，系统会自动帮助工作人员完成材料预审核，缩短材料审核时间，减少群众修改材料次数和跑腿次数。同时，应用文字识别技术，自动识别群众上传的材料和证照信息，自动填写到系统中，避免群众重复填报，降低业务申报复杂度。根据老年人的特点和办事需

求，量身定制针对性适老化便利服务，为老年人提供全程在线指导、远程操作协助、人工即时互动、语音快捷搜索等便捷功能，帮助老年人准备申请材料，填报、上传有关信息，老年人“说说话”即可快速找到相关事项。另一方面，利用“云中心”实现便民服务“掌上办”。通过建设电子证照云中心，扩展掌上办理渠道，实现政务服务自助一体机与手机端“掌上办”系统之间的数据共享、资料互通等功能，让群众和企业办事像“网上购物”一样方便,做到“手指一点、就能办好”。建立随身“数据宝”。群众、企业办理的各种证照、材料可以上传至“数据宝”中保存、管理、应用，生成各类电子证照、电子材料、电子档案等数据信息，方便群众携带使用。全区各部门在为群众和企业办理业务时,可随用随取、共享共用、在线核验,群众通过手机即可“亮证”,不必再提供有关纸质材料，实现办事“证照免提交”。通过智能化技术改造提升，推进线下线上融合，实现政务服务智能化运行。

三、依托政务云服务平台，实现为民服务“零距离”“零时间”

《国务院关于积极推进“互联网 +”行动的指导意见》明确提出，要将“互联网 + 政务服务”作为重点发展领域之一，电子政务在“互联网 +”大背景下又迎来了新的发展机遇与挑战。政务云服务平台通过数据的集中和交叠,编织一张人网,将群众需求的各个环节纳入其中,实施高效的、精细化的服务。

贵州省建成了覆盖全省五级、移动客户端与网络客户端无缝对接且集政务、事务、商务“三务合一”的“云上贵州”平台，实现各级各部门事项基本线上可办；[1] 浙江省构建了覆盖全省五级的网上政务服务平台,推出“四张清单一张网”“最多跑一次”“零跑动”“一证通办”“远

[1] 姚国章:《香港电子政务规划与发展》，载《电子政务》，2009 年第 12 期。

程视频取证”等网上服务，推进企业投资建设类项目 100% 联通业务审批系统、100% 应用在线平台、100% 进行网上申报、100% 实行网上审批；江苏省整合了江苏省政务服务总门户与各地各部门政务服务门户、政府门户网站，建成了省市县三级架构统一、覆盖全省五级、上下左右联动、线上线下融合、三端（网络端、移动端、自助端）对接、外网申报内网办理、快递送达的网上政务服务平台，打造网上“政务淘宝”,推行“不见面审批”;广东省搭建起“1（省级政务云平台）+N（特色行业云平台）+M（地市级政务云）”政务云平台总体框架,着手建设“两地三中心”（广州建设主数据中心及同城副数据中心，省内其他地区建设远程灾备数据中心）电子政务云数据中心体系，初步建成全省统一的政务大数据中心和政务信息资源共享平台，实现多个省级部门和党委、人大、政协以及 21 个地市互联并汇集了大量政务信息资源，支撑着省网上办事大厅、“多证合一”、信用系统等跨部门跨层级跨行业系统的应用。

依托政务云平台建立统一的政务信息资源共享交换体系，加强网上政务信息共享工作，能够促进各地区、各层级、各部门间数据交换和信息交流。公众在同一个服务平台上可实现建议咨询、投诉等互动服务，从而提升政府网上政务服务水平。此外，数字技术与服务已经与人民群众日常生活密不可分，小到移动支付、电子商务等生活场景，大到新一轮科技革命和产业变革，均对人民群众数字素养与技能提出了要求。因此，要背靠云平台，搭建全民数字学习体系，构建“处处能学、时时可学、人人皆学”的学习型社会。

第四节　达成“一键速办”，创新政务服务模式

“一键速办”是指充分运用信息化、智能化手段，群众只需要在政

务平台上“动动手指”就能完成事项办理，不断提升办事便捷度，提高办事效率，提升政务服务满意度。当前政务服务中心在服务过程中要解决好碎片化、条块化和本位化问题，必须转变政务服务中心服务理念，创新政务服务模式。实现“一键速办”首先要打破传统的行政审批以部门为主体的办理流程，优置全链式自助服务，提高办事便捷度。其次，要从群众的需求角度出发，转“被动型”为“主动型”，突出政务服务人性化。最后，要加强与公众的有效互动，了解公众的现实需求，遵循“用户至上”，增强政务服务回应力。

一、优置全链式自助服务，提高办事便捷度

所谓全链式自助服务是指公众可在政府网站办理以出生到死亡为周期所有的服务，以及以企业的创办到注销为周期的行政审批事项。同时，公众和企业可在政府网站直接了解业务办理的进度和行政审批的情况。利用数字技术优化全链式自助服务，不断提升政务服务便捷度。

第一要建立线上的标准化、规范化流程。政府不能机械地将线下的一系列流程生搬硬套至线上，而需要建立一套能为群众所接受、熟练使用的标准化流程与体系。全面细致地提升政务中心、政务服务窗口、窗口工作人员服务质量，从群众接受政务服务开始，将规范化与标准化操作贯穿于全过程，量化以及细化服务的各个环节，对量化的政务服务由谁来做、业务流程如何操作、服务时间、服务质量、效果如何、公众满意度等均要做出详细规定。实行服务均等化，也能使工作职责更加明确，让群众真正体会到“被服务”的真谛。

第二要实现信息资源共享，简化服务流程。过去孤岛式政务系统的建设，使得很多数据资源无法共享，企业或公众办事情时，需要在不同部门的平台上分开处理，重复填写信息，用户体验差。因此，利

用数字技术实现信息资源共享是当前政府服务优化的一个重要方面。首先，应当将不同层次、不同区域、不同部门的数据和业务以特定的方式、模式、标准汇集在一个统一的“总平台”中，使政务信息“纵向多层次、横向多面互联”；其次要实现办公机构的在线协调和业务信息的及时共享，将线下会议转变为在线沟通，简化工作流程，提高工作效率。

第三要回应人民群众关切，不断优化服务流程。随着数字技术的不断发展，人们对于政务服务的便利性和高效性要求不断提高，政府要不断优化服务流程，通过削减事项、简化流程，提高人民群众的获得感。政府可以利用大数据了解民众所需，充分调查，抓住当前政务服务的问题所在，根据问题与需求不断完善政务服务。同时要实时关注政务服务平台是否稳定顺畅，数据是否安全可靠，群众办事是否简单高效，及时解决检查过程中发现的问题。在“互联网 + 政务服务”平台流程的设置时，应站在公众申请者的角度，以解决问题为出发点增设新的政府服务流程，实现复杂问题的快速响应和解决。

[典型案例]

“小事不出村 大事不出乡”驻马店推进乡村政务服务事项标准化建设

“眨一眨眼、张一张嘴、摇一摇头……大爷，您的养老保险认证通过了。”

“闺女，你可帮了我大忙了，要不养老金就要停了！以前都是跑到平舆县城去认证，没想到现在足不出户就能认证。”

这是驻马店市推进乡村政务服务事项标准化建设，进一步将政务服务事项标准化向基层延伸，实现群众办事“小事不出村，大事不出乡”的一个缩影。

截至2022年6月16日，驻马店乡村事项在河南政务服务网实现录入发布108557个。初步实现了群众办事“小事不出村，大事不出乡”，高频事项不用再奔波到市、县去办，传统乡村的区位偏远劣势将得到缓解。

同时，乡村政务服务事项办事指南也得到了进一步规范和完善，统一了标准，优化简化了申请、受理、审查、决定、送达等流程，有效避免了非必要办事要求，使乡村政务服务具有可及性、方便性。

（资料来源：《“小事不出村 大事不出乡”驻马店推进乡村政务服务事项标准化建设》，河南省人民政府门户网站。）

二、转“被动型”为“主动型”，突出政务服务人性化

深度的政府服务应该是主动地向公众及企业推送政府政策或者提醒相关事项。大数据、云计算可以在大量信息数据的基础上对公众的需求进行预测与分析，为主动服务提供基础，再由技术进行支撑，使得被动服务向主动服务转变。

第一是主动服务提升服务温度。要实现这一点，首先要变“等待上门”为“主动上门”。通过大数据精准识别用户需求，主动推送服务，让用户知道自己需要什么，能做什么，实现从“政府上菜”到“百姓点餐”再到“菜品推荐”的转变。其次，积极开展服务创新工作，推出“就近办”“上门办”等便民措施。通过咨询微信、邮件、App客服等方式，在线引导群众准备所需材料，实行预约服务、上门服务等，让工作人

员进行实地考察与材料审核，真正让人足不出户办理业务，打通服务群众的“最后一米”。

第二是多渠道主动提供政务信息与服务。首先要利用多种渠道为不同公众群体推送不同的便民政务信息，主动提供政务服务。一方面利用线上政务平台或者移动应用程序更多、更好、更准确、更高效地推送政务信息与服务，全面实现政务公开多途径、广覆盖。另一方面，要进一步完善政务信息库，通过数据技术对当前的政务信息与服务政策等进行分类，有效解决群众与企业“不知道”“找不到”的问题。其次，要依托信息化手段主动提醒办事。目前，政府是被动等待在线服务，可以通过大数据与App跟踪判别用户可能需要办理的服务事项，主动推送并提醒用户办理。

第三是推行定制化服务、个性化服务。定制化服务是根据年龄、时间、偏好与特点构建一个将公众、渠道、服务内容进行网格化细分与整合的政务服务模式，通过“私人定制”的方式为公众和企业量身定制政务服务。运用现代数字技术，基于政务云平台，采集城市和社会的多维数据，对公众需求、服务内容进行详细分类，将不同行业、不同生命阶段的服务内容，通过信息化手段自动推送给公众，以减少公众查询、搜索的时间，也可以根据公众的搜索兴趣进行定期推送，帮助公众高效发现有价值的政府信息。例如，榕江县设置“企业定制政务服务”专窗，优化营商环境，聚焦企业办事过程中遇到的政策法规不熟悉、审批手续繁杂、审批流程长等问题，面向广大企业推出“企业定制政务服务”。以企业需求为导向，有针对性地为企业提供政策解读、许可辅导、许可磋商、并联审批、审批代办等服务，增强企业办事获得感和满意度，营造公平、便捷、高效的服务环境。欧盟第七次在线公共服务评估报告中指出：政府提供在线服务的能力分为五个阶段，其中最高阶段为个性化需求阶段。因此，可基于政务云平台的用户数据进行统计分析与挖掘，实现精细化管理，构建基于网格管理的政务个性化服务体系，将公众分为网格细分和特征识别，进而细分个性化服务渠道和项目。比如在中老年群体登录政务服务平台时优先推送社保、养老等服务信息，而对于年轻群体优先推送就业、教育等服务信息。利用数字技术，根据特定群体的需求提供个性化定制服务，提升基层政府服务的温度。

[典型案例]

淄博高青：主动求变 提升基层政务服务能力 把服务做到群众心坎上

高青县行政审批服务局针对基层政务服务跑腿多、不便利的情况，立足实际，创新服务方式，灵活运用全市镇村便民服务“三个三模式”，全力推进事项系统化集成、机制规范化运行、现场标准化管理、服务人性化升级，切实打通服务群众“最后一公里”，真正实现基层政务服务从“多次跑”向“零跑腿”、“跑多窗”向“找一窗”、“人找服务”向“服务找人”转变升级，服务质效显著提升。

为解决基层群众办事不方便的问题，所有村、社区以村两委班子成员及党员组建红色帮办队伍，依托基层代办员、网格员打造全程服务新机制。结合群众的实际状况和办事需求，为辖区居民提供精准化、精细化、订单式、一对一上门服务，满足居民群众个性化、多样化的服务需求，由过去的被动等待群众来办事变主动为群众办事，群众获得感和幸福感不断提升。

（资料来源：《淄博高青：主动求变 提升基层政务服务能力 把服务做到群众心坎上》，高青县人民政府。）

三、遵循“用户至上”，增强政务服务回应力

优化网上政务服务模式的目的在于实现与民众良性互动基础上的为民服务，但从实际情况看，民众多表现出一种参与冷漠或者被动参与。造成这种状况的原因既有传统服务模式及官本位等传统意识的阻碍影响，也与包括一些公务员和领导干部在内的广大民众对智慧政务服务流程及其优化的认识不到位有关。因而在政务服务过程中要始终遵循“用户至上”的准则，增强政务服务的回应力。

第一要利用政务平台推进政务公开。要提升政务服务回应力的第一步就是要利用政务服务平台公开政府的政务，以实现政府政务公开的便捷化，以及群众获取政府信息的便捷化。原来各部门都需要进行政务公开，都在自己的网站上进行公开，浪费了大量的人力、物力和财力，也不利于群众信息查找的便捷化。所以，应当优化政务公开网站设计，将政府各部门信息公开工作统揽到政府的门户网站上，进行科学的管理和分类，做好目录的标准化工作。这样可以有效减少信息发布和管理的人力、物力和财力，便于群众查询和了解信息。如沈阳市康平县设计研发了康平县“阳光三务”公开平台微信小程序，设置三务公开、政策答疑、在线问廉等 8 个模块，实现惠民政策“掌上知”、规范行权“指上查”、投诉建议“网上提”。

第二是要深入互动，调动民众参与。如六枝政务服务中心深入开展“好差评”工作，提升办事群众参与度，在政务大厅各窗口、各乡镇（街道）、村（居）部署“好差评”二维码共计 500 余张，建立“好差评”工作机制 1 项，明确群众评价结果运用及“差评”整改流程，对群众不满意的做到及时回应解决。在数字技术的支持下，政府可以及时回应公众关注的热点问题。首先应该提升大数据洞察力，提高政府的响应速度。比如政府可以利用电子政务中的社交媒体平台，对全

国各地区的重特大安全事故数据进行综合分析，从而更早掌握一些安全事件的处理情况，尽快制定相应的应对措施。其次通过电子政务云平台，利用大数据迅速发现公众所关心的热点事件，及时回复公众的疑虑及反映，提升公众参与的积极性与主动性。如政府可以通过服务平台的“在线服务”与群众及企业进行交流沟通，回答问题，收集建议。另外，可以利用大数据的分析技术对数据进行深度挖掘，了解人们的真实诉求与期望，科学决策。通过大数据收集与分析民众所反馈的各种公共服务与基础设施问题，实现政府决策的科学民主合理，提高政府公信力与信任度，促进政府与民众的互动。

第三是优化平台政务服务回应方式。例如坪山区的智能应答机器人，作为“人工智能 + 大数据 + 政务服务”的新模式，与坪山区政务业务深度融合，依托政府在线门户网站，为市民提供以“日常聊天式”为主的 24 小时全天候全渠道政务咨询服务，业务覆盖坪山区全业务部门，包括个人、法人事项办理的业务流程引导、信息咨询、常见问题解答等服务。优化平台政务服务回应方式，首先要优化平台的咨询、投诉与举报服务。一方面服务界面应当有文字及流程图的指南说明，使公众能够直观清晰地了解其如何使用。另一方面应该尽量减少不必要的注册登记手续，简化程序，以更大的诚意，确保广大公众通过政务平台主动参与和政府部门的沟通。其次，对于群众咨询与反映的问题应该实时公开，让其可以随时查询事项处理结果。同时可以对其进行实时数据跟踪，对于处理完的问题在一定期限后通过平台或自动设置短信进行满意度回访。

第五节 突出“一事一评”，完善政务服务监督系统

“一事一评”是指针对政务服务结果、服务过程、服务平台、服务

态度等全方位进行评价，以不断提升政务服务水平，交出更好的政务服务答卷。要突出“一事一评”，首先要建立智能政务服务监督系统，使得评价有据可依。其次，应整合监督力量，建立协同监督机制，提高监督成效。要优化监管模式，开创高效服务新格局。

一、建立智能化政务服务监督系统

基于数字化工具与智能算法，着眼监督的现实需要，建立智能政务服务监督系统，以实现对政务人员的预警监督以及政务服务的全过程、全时段监督，将权力关进数据的“铁笼”。

第一是加强对工作人员的预警监督。监督不仅是对干部的约束，更是对干部的保护和提醒。可以利用数字技术健全完善所有党员干部及行使公权力的公职人员的信息档案，借助业务与技术、线索与算法的有机融合，动态采集监督对象的相关信息，辅以腐败风险知识库进行“行动甄别”，对财政、税务、审计等数据进行融合分析和比对碰撞。比如廉政画像这一新型档案管理模式以公职干部的基本信息、社会关系、履职情况、负面清单等为主要内容，具备信息动态更新、廉政情况多维监控、政治生态精准分析等基本功能。[①]

第二是要实现网上全流程监督。如陕西省略阳县利用钉钉搭建了精准扶贫平台，扶贫干部每次下乡走访贫困户时，都会在钉钉里提交日志、上传照片，如实反映扶贫情况和贫困户的问题与需求，保证扶贫补贴精准送至每一个贫困家庭。以往的政务服务监督一般是由群众投诉举报，对其处理需要经过一系列的调查取证，确定信息来源的真实性，还要经过长时间的核实调查，需要花费大量的时间与精力。将数字技术融入监督过程可以切实提高监督的效率与精确度。运用大数

[①] 曾智洪、王梓安:《数字监督：大数据时代权力监督体系的一种新形态》，载《电子政务》，2021 年第 12 期。

据的算法与技术，优化权力运行流程，制作权力运行流程图，明确每一项职权的办理主体、条件、程序、时限和责任等，利用数字手段做到业务办理、权力运行的全程记录、追溯和预警，实现数字化监督。数字监督持续强化权力的全链条管理，通过大数据碰撞比对发现问题线索、智能化模型应用辅助反腐决策、大数据可视化分析探究腐败规律，以实现精准监督在线上线下的有机融合和延伸拓展。

第三是要加强实时监督。以往对政务服务的监督多为事后监督，比如公众对政务服务人员的行为与态度的投诉和举报，事前、事中监督往往为相关主体所忽视。应当运用数字技术构筑“系统 + 数据”的权力运行“防火墙”，把事前、事中、事后监督有机结合起来，实现政务服务的实时监督，避免错过防控的最佳时机，从整体上提高监督效果。也就是说，数字赋能监督能为各地区、各部门的廉政风险防控提供“智慧保障”，通过制定预警规则、实施数据挖掘和明确处置措施，实现全天候不间断监督。比如在政务服务过程中，可利用视频识别技术，实时抓取和收集政务服务人员的表情和动作，并利用机器学习和自然语言理解分析其情绪，进行有效的服务态度预警。

[典型案例]

数字赋能智慧监督，让“共同富裕”有了硬核力量!

“老张，村口在修的那条路这几天怎么停工了？”老李看到迎面走来的老张问，老张边打开手机边说：“我看看，哦，现在这条路在调整变更，下个月底前要完工的。”这是建德市寿昌镇永嘉桥村两位村民在谈论村里道路工程项目时的场景。

村级工程“一件事”智慧监管平台上线将近一年，群众随时随地通过手机扫码就可以清楚了解村里工程的具体情况，谁来施工？何时完工？预算多少？当前什么进度？一目了然，群众还可以通过手机平台反映村级工程的相关问题，监督比以前更加便捷，而且还更接“地气”。

2021 年 4 月，村级工程“一件事”智慧监管平台上线，第五纪检监察组通过督促农业农村局相关职能科室积极履职，以四个“第一时间”推进村级工程“一件事”智慧监管在镇村一级扎实落地。第一时间认真谋划，制定监管操作办法；第一时间开展培训，达到人员培训全覆盖；第一时间梳理问题，助力系统升级改造；第一时间关注预警，督促指导问题整改。各镇村均实现“一工程一码”，确保“系统之外无工程”，规范运行有保障。

据统计，目前村级工程“一件事”智慧监管平台通过迭代升级，预警更精准，处置更便捷。截至目前，系统预警 1455 次，已处置 1293 个工程项目，涉及村级工程项目 950 个，真正将工程“晒”在阳光下，随时随地接受群众监督。

（资料来源：《数字赋能智慧监督，让“共同富裕”有了硬核力量！》，微信公众平台 · 清廉建德视窗。）

二、整合监督力量，建立协同监督机制

在信息化时代，监督无处不在。要提升政务服务效能，必须加强服务监管系统的建设。不仅要加强内部监督体系的建设，也要发挥外部监督的作用，整合监督力量，建立协同监督机制，逐步实现政务服务监督全覆盖。

第一要促进内部监督主体的协调配合。内部监督是指监察、审计

以及其他具有监督职能的行政监督机构的监督。首先要建立政务监督情报信息网。在现代信息社会，政务监督的有效性依赖于信息的准确、及时、全面和客观，而监督主体之间如果缺乏统一的情报信息网，则会出现信息利用率低、信息资源不能共享等状况，从而影响监督实效。应当通过数字技术建立统一的数据资源库，将各个行政监督主体的监督数据与信息资源集成于该系统下，以实现监督信息的交流共享，避免线下传递信息造成的数据缺失及人为因素的干扰，提高监督效率。其次，规范各主体对数据库的使用规范。通过技术手段设置各个行政监督主体对监督数据的管理权限，以加强技术监督。

第二要加强群众监督。如入驻海兴县政务服务中心办事大厅的10家单位、52个服务窗口、73名工作人员全部纳入政务服务民声民意“直通车”评价系统，群众可以通过大厅内的一体机自助终端、手机扫码、拨打举报投诉电话等多种方式，登录“直通车”平台对政务服务进行评价。政府服务的监督必须加强群众的监督，应该通过数字技术利用好群众参与监督反映的举报线索或相关有效信息。首先，加强数据系统的信息公开。将政务服务人员、政务服务窗口的信息公开于政府网站，并在各个部分设置“一键举报”功能，人们可以针对政务服务中不满意的部分进行举报，实现精准监督。其次，应加强公众举报或者信息反馈平台的建设。一是开展平台的宣传推广，向公众介绍如何利用政务网站进行相关查询与监督举报。二是在平台设置“举报有红包”“随手拍”“举报有奖”的活动页面，提高群众的监督积极性。最后，多渠道实现群众的“指尖监督”。可以借助掌上App、微博、微信公众号、门户网站设置的举报窗口等方式简化监督流程，使得群众的监督不被以往烦琐的流程所劝退，能够突破时间空间限制随时随地监督政务服务。

第三是要加强对监督的反馈与回应。监督的目的不仅在于发现问题，更在于促进解决问题。无论内部还是外部监督，将监督结果与针对被监督者的激励和问责挂钩，是提升监督者回应动力进而提升监督效果的关键。因此，监督结果要有多种反馈渠道，利用数字平台使评估各方、上级主管部门及相关组织或机构都看到这一结果，促进政府及工作人员找准问题、发现差距、提升实效，必要时还可以通过电子政务系统、网络、微博、微信等渠道对外披露，使公众了解评估结果，形成整改压力，不断提升监督效能。

[典型案例]

费县:“体检式”监督助推政务服务效能再提升

近年来，费县坚持以监督促改革，以改革优服务，配齐配强内外监督力量，完善政务服务监督机制，助推政务服务效能再提升。

一、组建监督员队伍，打造便民利企“直通车”。通过个人自荐、单位推荐、定向聘请等方式，从驻费县党代表、人大代表、政协委员、企业（公司）负责人、个体工商业者等社会各界人士中选聘了20名政务服务监督员，建立了专业化监督队伍。压实政务服务管理办公室责任，强化内部监督管理队伍建设，构建了内外联动、双向发力的监督机制。

二、开展政务服务“体检”，搭建社情民意“连心桥”。政务服务监督员通过线下实体大厅体验、自助终端体验、可视化直播体验、线上办事和掌上体验、电话咨询服务体验、帮办代办体验等方式，定期对县政务服务中心、镇街便民服务中心和村居便民服务站开展政务服务“体检”，查找企业群众办事过程中存在的难点、堵点问题，对窗口设置、办事流程、服务环境及窗口工作人员的办事效率、服务态度、工作纪律等进行全方位“体检式”监督指导，提出意见建议。

（资料来源：《费县：“体检式”监督助推政务服务效能再提升》，临沂市人民政府。）

三、优化监管模式，开创高效服务新格局

当前数字技术在乡村政务服务中的运用还处于探索期，必须不断优化监管模式，以实现政务服务的高效优质。

第一应优化体系设计模式。数字技术运用于政务服务有赖于线上线下多主体联动合作，在系统设计之时应该充分考虑数字监管各个环节之间的衔接和联动问题，使信息发现、分类、筛选、派发和交办各个环节有机统一，尤其应该注重数字监管执行反馈和督导问责模块的数字化衔接，通过系统性的模块衔接将数字监管真正落到实处。

第二应建立自主监督模式。自主治理理论认为第三方监督并非就是唯一可行途径，这只是适用于传统的人们之间互不信任、缺少沟通、贴现率高的情况。实际上，村民有着深厚的乡土观念，他们非常看重血缘与地缘关系，此时进行自主的组织管理更加有效。因此，监督可以借助现代信息技术，开展农民自觉能动的监督。原本分散的农民通过建立微信、QQ、钉钉等线上联络群，就村内公共事务互相协商达成约定，制定违约惩罚机制。这样能够使得每位村民都参与到规则的制定中来，互相达成可信承诺。如果有村民触犯信任机制，一旦被监督者发现，便要承担违约成本，丧失共享集体利益的权利。例如，浙江省云和县的村民，为治理污水自发组建微信群，通过“微信治水晒场”监督交办问题 90 余件。

第三应强化政务监督的底线管理。乡村数字监管并非无所不能，其有自身的内在限度和门槛，应该基于多层次跨区域的深度案例调查，建立乡村数字监管的正面清单和负面清单，明确哪些是乡村数字监管应该介入的，而哪些是乡村数字监管必须规避的。[①]

[典型案例]

阳三石街道："微信监督"提升监督自主性

自"醴陵为民"微信群建立以来，关注度越来越高，群众提出问题的数量也持续增加。但与此同时，干部回答问题的速度，解决问题滞后的问题也开始凸显。为此，街道纪工委特意推出"微信监督"模式，监督相关责任人和村（社区）对群众反映问题及时回应，并限期办理，充分发挥纪检部门的服务、监督和主导作用，确保微信群正常有序运转。

"醴陵为民"微信群"微信监督"新阵地的推出，成为百姓反映诉求的"快车道"，这不仅是一项监督机制，更是一种激励机制，提升了政务监督的自主性，拉近了广大群众与纪检监察部门之间的距离。

（资料来源：《阳三石街道："微信监督"提升监督自主性》，醴陵市人民政府。）

① 李利文：《乡村综合整治中的数字监管：以 D 村经验为例》，载《电子政务》，2020 年第 12 期。

第七章

数字驱动乡村公共服务效能提升的保障措施

数字乡村是乡村振兴的战略方向，是建设数字中国的重要内容，也是驱动乡村公共服务效能提升的重要保障。在新冠肺炎疫情防控期间，数字技术和智慧治理思维在城乡社区疫情防控工作中大放异彩，发挥了重要作用。随着数字技术与乡村发展的深度融合，数字技术和数字治理在驱动乡村公共服务效能提升上将大有可为。但数字驱动乡村公共服务效能提升不可能一蹴而就，也不是凭空产生的，需要在需求导向、顶层设计、组织领导、资源配置、舆论宣传等工作上科学精准施策，多渠道、多方面、多主体、多措施地支持乡村数字建设，提升乡村公共服务能力，保障数字驱动乡村公共服务效能提升发挥更大效用。

第一节　坚持需求导向，推动数字驱动靶向发力

多年来，数字技术在完善公共治理体系、促进经济社会健康发展和提升人类生活水平等方面得到了广泛的运用。随着各地方信息化建设的不断完善和数字化改革进程的推进，人们对于数字技术更大范围

应用的思考也逐渐由过去“要不要”“能不能”的顾虑转变为如今“做什么”“如何做”的现实问题。

一、坚持以人为本，解决群众关心的急难愁盼问题

“民为邦本，本固邦宁”“治国有常，而利民为本”这些古语都告诉我们一个恒常不破的道理：民心是最大的政治。只有在治国理政中坚持以民为本、关注民生、顺应民意，才能更好、更快地推动乡村公共服务数字化建设不断迈上新台阶。

（一）树立新时代社会治理理念，提高社会治理能力现代化水平

遵循共建共治共享的原则，自我革新、自我超越，积极推动数字化建设与乡村公共服务深度融合，探索出乡村公共服务供给与治理的新机制、新模式。形成企业配建、政府投入、社会支持的数字化乡村公共服务供给格局，明确公共服务供给类别与项目，做到均等化、精准化供给。

（二）要以实际问题为出发点，设立“问题清单”

乡村公共服务数字化建设涉及面广，重点难点多且突出，因此要广开言路，倾听百姓呼声、重视百姓心声，及时回应和解决群众的急难愁盼问题。探索建立网络回复专项工作方法，实行清单制，以反映问题、记录问题、回复问题、解决问题为原则，解决民众需求。一方面，推动民生“关键小事”智能速办，对高频公共服务事项在数字应用中实现置顶优先，方便群众查找、办理。另一方面，对于群众反映的重要问题，政府工作人员在数字应用中要经常“在线”，及时浏览评论留言，对问题进行记录整理与分类，及时作出回复，并在最少时间内给出处理结果，防止问题“由小变大”“由少变多”“由易变难”。

[典型案例]

福建尤溪，数字赋能让乡村公共服务更便捷

小事网上办

“尤溪县数字乡村公共服务平台”是尤溪推出的“数字赋能乡村公共服务项目”，由县融媒体中心与中国传媒大学、千城云科（上海）数据科技有限公司合作研发。通过数字化手段，平台将大数据、云计算等数字技术广泛应用于重点区域回流人员排查、疫情动态监测、防控决策部署、防疫知识宣传等环节，切实织密防疫网格，实现联动联勤全响应、通知宣传全覆盖。

平台通过党建引领，构建“县—乡镇—村（社区）—党支部—微网格”的分级管理体系，有效畅通基层群众“民生诉求渠道”，做到“小事不出村、大事不出县”；同时提供行程码、查天气、查违章、查快递、生活缴费、交通出行等便民服务，实时发布本地新闻资讯、重要通知公告等内容。

有事您反馈

王周平是尤溪县洋中镇坪坑村的党支部书记，同时也是一名微网格长，负责管理全村189户居民。“3号楼C梯前的路灯坏了，请及时修理。”2月21日，居民王大姐通过平台反馈了问题，王周平接到诉求后，立即联系社区物业更换了路灯。在他看来，“尤溪县数字乡村公共服务平台”让自己多了一个和群众沟通交流的渠道，能够更方便地了解群众诉求，更迅速地知晓群众关注的问题，更好地为群众服务。

（资料来源：《尤溪：数字赋能让乡村公共服务更便捷》，福建日报。）

二、注重横向拓展，解决数字化应用场景覆盖问题

（一）完善医疗卫生体系，推进乡村“数字健康”建设

加快数字生态建设，发挥信息技术引领作用，驱动传统医疗卫生服务向数字健康发展阶段迈进，在医疗领域实现数字化、智能化转型。首先，构建多元主体协同治理机制。乡村“数字健康”建设涉及政府、数字技术企业、医疗机构、居民等多元主体，应进一步明晰相关主体角色定位，提高乡村健康公共服务供给水平与服务效能。其次，实现数字赋能乡村“数字健康”微观治理过程。尤其是在数字医疗、数字医保领域，要积极探索数字技术与乡村医疗健康的结合点，形成契合我国公共服务本质规律、乡村实际情况以及村民根本需求的数字健康治理方案，解决服务过程中的痛点和难点，从根本上提升乡村数字化医疗健康服务质量。最后，促进四级诊疗体系协同发力。推动形成县级医院、乡镇卫生院、村卫生室、家庭健康平台（系统）四级医疗卫生服务格局，依托大数据平台，在安全可控范围内建立村民数字健康信息库，将个人健康信息上传平台，同时鼓励医生在线会诊、远程诊断，双管齐下，助推乡村“数字健康”服务更加普惠。

[典型案例]

甘肃临夏，“互联网+医疗健康”打造就医新体验

全民健康信息平台上下互联

临夏市全民健康信息平台可上联省级平台、下联县（市）级平台，横向与政务系统等外部系统互联互通。平台构建了惠民、惠医、惠政业务应用，同时不断完善公共卫生、医疗服务、医疗保障、药品供应、计划生育和综合管理六大类应用系统。

在省级要求的全员人口数据库、居民电子健康档案数据库、电子病历数据库基础上，立足临夏实际情况，增加了决策支持数据库和卫生资源数据库，进一步对城乡居民健康信息进行统一、高效管理。在遵循国家及行业已有的标准规范体系、安全防护体系的基础上，制定了标准规范体系和安全防护体系。

实现域内居民健康医疗资源共享

全民健康信息平台的建成将打破区域内各级各类医疗卫生机构信息系统间的“信息孤岛”，实现区域内健康医疗信息资源融合与数据共享。同时，为临夏市提供了公共卫生、医疗服务、综合管理等方面的综合监管，提高卫生行政部门对各级卫生机构管理的效率和质量。

智慧医疗让群众获得高质量健康服务

针对农村离乡镇卫生院、县城医院距离远，农村卫生室检查设备落后，村民“看病难、看病贵”等突出问题，临夏依托纵向层级体制，分级实施“数字健康”医疗方案。在县级层面，建设县域智慧医疗中心并搭建包括健康大数据中心、远程会诊中心、远程影像中心在内的多种软硬件平台；在乡镇层面，配置数字流动医院，以数字巡诊车为载体，车上装配全自动生化分析仪、远程一体机等设备，定期走村入户，为群众提供多样精细化检查；在村级层面，临夏市依托第三方平台研发智能医疗辅助诊断系统，通过系统上传村民健康数据，支持村民自己管理健康档案、开展远程会诊等。多举措解决了因医疗资源分布不均而造成的看病难、看病贵等问题，让村民得到真正的实惠。

（资料来源：《“互联网 + 医疗健康”打造就医新体验——临夏市全民健康信息平台建设侧记》，澎湃新闻网。）

（二）优化教育资源供给，推进乡村“数字教育”建设

目前，在数字教育资源区域建设方面，存在区域供给结构不均衡的问题，即发达地区的数字教育资源优于欠发达地区，城市优于乡村；在数字资源平台建设方面，存在更新滞后、忽视引导服务、个性化推荐不足等情况。[①]有效解决这些问题对促进教育资源公平配置、推动教育高质量发展等具有重大而深远的意义。随着数字技术在教育领域的融合，推进乡村“数字教育”建设成为关键的“破题之道”。一是夯实乡村“数字教育”的物质基础。通过加快乡村产业数字化转型升级，培育乡村新产业新业态，盘活乡村各类生产要素，建立优结构、可持续的乡村现代化经济体系，推动乡村经济高质量发展，为乡村“数字教育”提供充足的经费保障。二是筑牢乡村“数字教育”的设施基础。以“新基建”为蓝本，不断增加5G基站数量，提高家庭、学校光纤接入能力。同时推动大数据、云计算等新一代信息技术在乡村教育中的应用，持续建设信息网络、平台系统、智慧校园，统筹学习、教学、管理过程中的大数据，促进教育数据的贯通共享。三是打造乡村“数字教育”的人才基础。数字人才的数量和质量直接影响着乡村“数字教育”的效率与质量，应基于乡村教育发展现实诉求，坚持数字人才引进与培育并举，相关部门协同发力，加大政策倾斜和资金投入，制定切实可行的人才引进方案，加强高层次数字人才引进力度，组建高水平的数字化乡村教师队伍。通过开设相关课程为学生提供数字化应用实践机会，提升学生的数字能力、强化学生的数字素养。

[①] 陈明选、来智玲、蔡慧英：《我国基础教育数字资源及服务：现状、问题与对策》，载《中国远程教育》，2022年第6期。

[典型案例]

陕西石泉，信息化赋能乡村教育

打造优质资源集合

石泉县把教育信息化作为提升教育教学质量、推动教育均衡优质发展、促进乡村全面振兴的重要抓手。2013年以来，石泉县累计投入5000余万元用于教育信息化建设，从“数字资源全覆盖”到“班班通”建设，再到“在线课堂”的应用，这些原本只有城市学校才有的信息化教学手段，如今在牛石川这样的偏远教学点落地生根、开花结果，让农村孩子在家门口也能享受优质教育。

探索“领航课”模式

针对校本研修缺载体、网络研修缺平台、传统培训针对性不强等问题，石泉县探索建立了“线上引路、线下实践、跟踪指导、达标提升”教师“领航课”模式。从“三级三类”教师队伍体系中遴选骨干教师组成学科团队，形成凸显每月专题的信息技术与学科教学融合的精品课，通过教育资源云平台进行线上示范课、线上点评课的引领示范，让每名教师足不出户就可以在线观摩或点播本地同学科教师的优质课。

搭建“智慧校园”管理平台

石泉县银龙小学一所农村寄宿制学校，为方便在外务工学生家长及时了解学生在校的学习和生活状况，增进家校沟通，学校按照教育信息化的要求探索建成“智慧校园”管理平台，实现工作安排、信息报送、工作交流、流程审批、应急处置等工作“一站式”服务，大大提高了工作效率。

目前“智慧校园”管理平台的应用已扩展到学前教育。全县各幼儿园充分利用家校互动平台中的班级相册、群直播、打卡、通知、奖励红花等虚拟网络空间，还原学生在校的生活状况，搭建家长、教师、学生信息交流与展示平台，有效促进了家校共育。

（资料来源：《信息化赋能乡村教育》，陕西日报。）

（三）激发文化发展活力，推进乡村“数字文化”建设

2019 年，中共中央办公厅、国务院办公厅印发《数字乡村发展战略纲要》，指出要繁荣发展乡村网络文化，推进乡村优秀文化资源数字化。2021 年，文化和旅游部发布《“十四五”公共文化服务体系建设规划》，就“十四五”时期现代公共文化服务体系建设作出全面部署，强调要推动公共文化服务社会化发展和数字化、网络化、智能化建设，推动公共文化服务均衡发展。在理论层面，数字技术在乡村公共文化服务领域的应用，能够突破农村公共文化服务体系建设的诸多限制，从资源扩容、供需匹配、服务均等化等维度提升乡村公共文化服务效能。但就现实层面而言，数字平台建设缓慢、村民数字信息素养偏低、公共数字文化管理制度内卷化等阻碍着数字技术与乡村公共文化服务的融合发展。[①] 当前乃至未来，推进乡村“数字文化”建设的关键是针对这些挑战，精准发力，解决问题，为村民提供更多、更高品质的乡村公共文化资源。

一是拓展公共文化服务智慧应用场景。依托大数据、云计算、人工智能等新一代信息技术，加强云端挖掘和数据分析能力，推动公共图书馆、文化站实现包括智慧服务、智慧分析等功能在内的智慧化运

① 汤资岚：《数字乡村战略下农村老龄公共文化服务效能提升研究》，载《图书馆》，2021 年第 10 期。

营。构建公共文化服务用户画像和知识图谱，为差异化服务提供数据支持。二是提升村民数字化意识。要树立长远意识，将立足当前与立足未来相结合，将短期技能培训和长期教育投入相结合，培育村民的数字化意识和数字素养。短期来看，可以通过推动数字下乡，建立县、乡、村三级数字化技能培训点，下沉数字化服务能力，为村民提供专业化和集中化培训；长远来看，有效的办法是提升农村地区信息智能教育水平，发挥党支部书记的引领作用，带动村民厘清数字化观念，掌握获取公共文化服务的方法和路径。

（四）提升养老服务能力，推进乡村“数字养老”建设

第七次全国人口普查数据显示，乡村60周岁及以上老年人口占乡村总人口的比重为23.81%，比城镇60周岁及以上老年人口占城镇总人口的比重高7.99%。农村养老问题已成为制约乡村全面振兴和城乡融合高质量发展的一大关键因素。在社会发展过程中，数字技术的产生和应用是提高乡村公共服务质量的钥匙，互联网数字科技因其具有广泛连接性、包容普惠性、应用精准性成了新时代我国广大农村地区养老的新利器。面向未来，要更好地发挥政府在农村养老服务供给中的作用，进一步强化数字深度赋能，优化农村智慧养老方案，精准匹配对接农村老人的养老服务。另外，要依托乡村振兴战略，提升无线网络的使用率和普及率，开发符合农村养老实际的智慧养老网络平台及技术，同时提升老年人对科技产品的认知和接受能力，帮助其更好地使用数字工具。

三、深化纵向延伸，解决乡村公共服务数据运行问题

（一）底层支撑：构建数据获取智能感知网络体系

在数据获取方面，通过整合互联网、大数据、人工智能、区块链等现代前沿信息技术资源，建设“全域覆盖、全网共享、全时可用、全程可控”的智能感知网络体系，实现对乡村公共服务信息的动态监测与动态获取，为数据驱动乡村公共服务提供底层支撑。

（二）中层支撑：推动数据管理平台功能深度研发

在数据管理方面，需要推动智能化功能的深度开发，通过政务数据、民众数据的多源汇聚，将乡村公共服务指标体系整体纳入国家公共服务平台，系统规划、统一管理、分类施治，为不同层级政府和不同部门对乡村公共服务的态势分析、预警预测、决策仿真和精准治理提供中层支撑。

（三）上层支撑：促进数据交互多种场景纵横联动

在数据交互方面，需要多功能的协调整合，通过乡村教育、医疗卫生、体育健康、文化服务等业务系统的互联互通，在政府层面建立跨领域、跨部门的协同工作平台，强化各单位统筹协作和应急响应能力，为数字驱动乡村公共服务的一体化运行提供上层支撑。

第二节　完善顶层设计，健全数字嵌入制度安排

所谓顶层设计，实际上就是全局意识、整体意识，即站在高处俯瞰，清楚了解和把握各方面具体情况，对全局工作进行整体设计、整体关照、系统规划。设计关系全局的工作方案和工作规划，必须要有顶层

设计的眼界和高度，才能抓住对于全局工作中具有根本性影响力的本质性问题。不谋万世者不足谋一时，不谋全局者不足谋一域。站在新的历史发展阶段，提升数字驱动乡村公共服务效能，需要倾听时代声音、民众心声，完善顶层设计、健全制度安排，从而引领数字赋能乡村公共服务在正确的发展方向上行稳致远，推动乡村公共服务数字化高质量建设。

近些年随着政府和社会对基本公共服务的不断重视、政府管理体制改革的不断深入以及乡村振兴战略和数字乡村建设的持续推进，我国乡村公共服务建设也取得了一定成绩，供给数量和质量均有所提高，广大村民对公共服务建设认可度和满意度大幅提升。在乡村公共服务领域，数字化建设成为《“十四五”公共服务规划》《数字乡村发展行动计划（2022—2025 年）》等政策规划和行动方案中，多次提及和部署的重要任务和重点工程。近年来，我国对乡村公共服务数字化建设的财政投入呈现出较大幅度的增长，但乡村公共服务数字化水平并未随之有较大提升，这表明，乡村公共服务数字化建设领域的问题根源并非是缺乏经济能力，而在于相关的制度安排尚未完善健全。

体制建设与制度完善是加强国家治理体系现代化的重要方面，也是提高国家治理水平的有效途径。[①] 与我国基本公共服务制度一样，乡村公共服务数字化建设的制度设计是一个关键的问题，关系着在数字信息时代背景下，广大农村地区群众的民生保障任务能否高效完成，关系着乡村振兴战略能否高效实施。乡村公共服务数字化建设的制度设计，一是要有持续的物质基础提供保障；二是要有具体的激励机制提高效率；三是要有数据安全保障制度防范数据风险。为此，需要建立和完善乡村公共服务数字化建设的财政支持制度、乡村公共服务数

① 王浦劬、梁宇、李天龙:《十八大以来我国省级机关事务管理体制改革的发展及其思考》，载《中国行政管理》，2018 年第 3 期。

字化建设运行制度、乡村公共服务数字化建设的绩效评估制度以及数字安全保障制度，从而实现乡村公共服务数字化建设效能最大化。

一、乡村公共服务数字化建设的财政支持制度

依托数字技术，提高乡村公共服务供给的效率和水平、改革创新乡村公共服务体制机制，为广大农村地区提供更便捷、更优质的基本公共服务，关键是要建立财政资金投入的动态增长机制。要适时制定相关制度，明确乡村公共服务数字化建设的投入主体、投入结构，从制度上保障公共财政的持续投入。具体而言，就是构建起多元化的乡村公共服务数字化建设的资金稳定投入机制。

（一）明确投入主体与资金补充机制

采取分级投入的方式，建立从中央到地方的分级共担投入机制，明确各级政府事权和投入责任，构建中央支持、省级统筹、县级负责的资金投入机制。同时要加大各级政府对农村的财政转移支付力度，提高基层政府在乡村公共服务数字化建设上的资金保障能力。引导其他主体广泛参与，吸纳和带动更多的社会民间资本投入。加快实施乡村振兴战略，促进产业兴旺，调整产业结构，发展壮大村集体经济，形成有效的资金补充机制。

（二）建立专项资金使用清单制度

一方面，专项资金使用清单制度可与我国公共服务供给、实施乡村振兴战略、数字乡村建设等专项资金形成互通使用机制。另一方面，可专门设立乡村公共服务数字化建设专项资金，坚持中央引导、地方统筹、重点突出、注重绩效、专款专用的原则，建立专项资金支持条目，优化专项资金结构，完善扶持方式，提高财政资金使用效益。

[典型案例]

合理规划 用“财”有道

万荣县因农而兴，但资源匮乏、工业基础薄弱、税源型企业少，这里虽是农业大县同时又是经济穷县、财政小县。既要争取上级政策红利，又得把有限资金用在刀刃上，“有钱花”和“花得好”是必须正确处理和把握好的关系。为此，万荣县创新提出了竞争性使用财政资金机制，统筹整合“一事一议”财政奖补资金、历年项目结余资金、部门类同专项资金和社会资本，将财政资金的“暗箱操作”变为“阳光透明”，有效发挥了财政资金“四两拨千斤”的作用。

（资料来源：《用“财”有道——乡村振兴的万荣探索》，新华社。）

二、乡村公共服务数字化运行制度

数字赋能作为数字技术与“赋能”理论的结合，是指通过大数据、移动互联网和人工智能等数字化工具对特定人群赋予能力。[①]而对于乡村公共服务的供给来说，不仅包括需求侧的农村群众数字赋能，也包括供给侧的政府组织等多元供给主体的数字赋能，两者的有机结合才能成为乡村公共服务数字赋能。[②]技术的泛在化为乡村公共服务供给方式转型提供了机遇和可能，为确保乡村公共服务数字化建设在合法合规的轨道上运行，有效的制度供给必不可少。

在数字技术与各领域融合发展的过程中，党和国家部署了一系列数字嵌入的制度安排，通过强化数字技术应用的顶层设计、构建

① 陈海贝、卓翔芝:《数字赋能研究综述》，载《图书馆论坛》，2019 年第 6 期。

② 陈弘、冯大洋:《数字赋能助推农村公共服务高质量发展：思路与进路》，载《世界农业》，2022 年第 2 期。

长效机制，不仅为公共服务数字化转型提供了宏观性和整体性的规范准则，也为乡村公共服务数字化建设作出了系统部署。例如在“数字政务”领域，国家先后出台了《关于加快推进“互联网+政务服务”工作的指导意见》《关于加强数字政府建设的指导意见》等；在“数字乡村”领域，国家先后出台了《数字乡村发展战略纲要》《数字农业农村发展规划（2019—2025年）》等，相关内容均涉及依托大数据、云计算、人工智能等新一代数字信息技术来推动政府治理现代化以及乡村数字化建设。不仅让地方明晰中央“在想什么”“想干什么”，也让地方知道自己“该想什么”“该干什么”，有力地推动了我国各领域数字化转型的规范化、合法化。因此，提升数字驱动乡村公共服务效能的关键点就是建立和完善数字驱动乡村公共服务的政策或指导意见，从制度层面为乡村公共服务数字化建设行稳致远保驾护航。

［典型案例］

浙江嘉兴，数字赋能探索垃圾分类新路径

2021年，嘉兴市南湖区起草地方标准《农村生活垃圾数字化管理规范》，有效破解参与度难提升、工作绩效难考核、保洁作业难监督、积分资金难管理、长效机制难建立五大难点问题。

探索奖、评、查高效监管新路径

一是“积分换物”，提升源头激励效果。通过数字化监管系统App管理积分发放、使用、提现等过程，并接入农业银行支付系统监管资金。农户可采取分类自查、售卖可回收物等方式获得积分，兑换生活用品。2018年以来，南湖区共落实农村积分兑换商店46家，并接入苏宁易购电商平台，方便老百姓使用积分。目前，5万余户农户均按片（组）实名录入数字化监管系统，累计获取24.5亿积分。

二是“机器换人”，提升分类评审效率。2020年，南湖区针对农户参与率不断提高，人工审核分类照片工作量不断增大的形势，开发人工智能（AI）识别技术，实现所有分类照片（目前约5万张/天）实时自动评分，解放了基层工作力量。在农村投放150多辆智能收集车，集识别、拍照、称重等功能于一体，提高垃圾收集员的工作效率。在集镇小区，60多个小区撤桶进箱，通过智能设备定时定点收集生活垃圾，人工抽检转变为机器自动检，提高劝导和检查效率。

三是“手机换纸”，提升督查整改速度。南湖区建立“周督查、月暗访”机制，村（社区）督查员每2周上门宣传、检查1次，区级督查员每月对各镇实地暗访，每个镇抽查2个行政村、2个居民小区。同时，数字化监管系统App整合分类准确率评分、房前屋后检查、公共环境举报等功能，提升基层工作效率。在数字化监管系统管理后台，区、镇、村（社区）实行分级管理，通过后台可以轻松掌握面上的风险隐患点，并迅速落实整改。

治理创新，激发政、企、民常态参与新动力

一是开发“垃非大脑”，政府监管做“减法”。南湖区开发数据驾驶舱，以“一图一码一指数”实现全区农村垃圾分类综合评价。全区所有分类处理设施实现“一图查看”；所有农户接入浙江省“浙农码”平台，实现绿、黄、红三色动态管理；分类情况实时进行指数化评价，细分为积分指数、参与指数、精准指数、管理指数等。不仅让监管实时化、考核精细化、台账无纸化，更有助于精准研判，加快工作推进。

二是探索装备物联，企业创新做“乘法”。秉持开放、共享理念，南湖区以数字化监管系统为核心，努力实现农村所有分类投放设备、回收设备、收运车辆、处理设备等设施设备的智慧物联。一方面规范收、运、处作业标准，倒逼企业提升服务质量和工作效率。另一方面提高垃圾分类“数字化”从业门槛，引导企业自主创新，提高市场竞争力。

（资料来源：《浙江嘉兴南湖：数字化监管系统 助力农村生活垃圾分类新模式》，中华人民共和国农业农村部。）

三、乡村公共服务数字化建设绩效评估制度

乡村公共服务数字化建设是否取得了良好的社会效益，需要加以客观的评价，以不断提高乡村公共服务数字化建设质量。所以，建立和完善乡村公共服务数字化建设绩效评估的程序和方法，实现绩效评估的制度化、科学化和规范化，是乡村公共服务高质量发展的必然选择。

（一）成立乡村公共服务数字化绩效评估委员会

可以由各级编制工作部门和政府监察机构牵头，由政府财政部门、审计部门、农业农村部门、大数据管理部门等共同参与，对乡村公共服务数字化建设主体的绩效情况进行有效评估，成立乡村公共服务数字化绩效评估委员会。该委员会可以具体负责制定绩效评估方案，同时指导下级绩效评估工作。

（二）建立科学的考核指标和实施制度

指标体系实则是一组量化数据，构建乡村公共服务数字化绩效评价指标，就是要将政府保障和改善民生的情况由粗到细、由抽象到具

体的量化过程。根据政府职能和乡村实际公共服务需求，从乡村公共教育、公共医疗卫生、公共文化体育、劳动就业和社会保障等方面构建理论指标体系、可用指标体系和实用指标体系，为乡村公共服务数字化建设提供科学、规范的决策依据。同时，在指标运用方面，要注重统一性和灵活性的结合，对不同特征的乡村要因地制宜。

（三）建立广大村民参与的绩效评估机制

建立内部评价与外部评价相结合、外部评价为重点的绩效评估体系，强调公共利益的实现。畅通和完善广大村民参与评估的途径，通过实践调研、村民访问、公开听证等方式，在保证评估的客观、透明和可信的同时，方便广大村民对乡村公共服务数字化建设的监督和信息反馈，摸清村民的实际需求变化。

四、乡村公共服务数据安全保障制度

2017 年，习近平总书记在国家安全座谈会上指出："要筑牢网络安全防线，提高网络安全保障水平，强化关键信息基础设施防护……加强网络安全预警监测，确保大数据安全。"乡村公共服务数据是我国公共服务建设的核心资产，对推动乡村公共服务创新发展具有重大意义。但在复杂的网络流通情况下，为了保障乡村公共服务数字化建设数据合理、有序和可靠利用，数据安全防护能力建设不容忽视。

（一）建立数据分类分级管理制度

基于数据安全的目的，数据可以划分为一般数据和重要数据，当重要数据存在安全风险时，应采取严格的保护措施。对于数据的分类分级需要充分考虑到其应用场景，以及该类数据在利用过程中与其他数据进行汇集的可能及产生的效应，进行定期评估和动态调整。

（二）建立数据安全风险管理制度

需要建立一套应对数据安全风险的识别、评估、报告、监测预警、应急处置和信息共享机制，准确识别风险、合理控制风险，使乡村公共服务数字化建设处于健康、安全的环境中发展，不断提升数字驱动乡村公共服务效能。

第三节 健全组织领导，推进多元主体协同共治

党的十九届四中全会指出："必须加强和创新社会治理，完善党委领导、政府负责、民主协商、社会协同、公众参与、法治保障、科技支撑的社会治理体系。"改革开放40多年来，乡村社会生活发生了翻天覆地的变化。传统依靠政府单一主体的治理模式已无法适应治理要求和实践需要。一方面，伴随着农业税的全面取消、财税制的改革等农村改革的深化，基层政府再无权力、财力延续传统的单一化管理；另一方面，随着人民生活水平极大提高，农村社会经济的发展，原来同质化的生活方式被打破，日趋多元的群众需求和日益多样的价值观念，给政府一元治理带来了前所未有的挑战。与传统乡村社会相比，农村不再是一个封闭的空间，治理的复杂性也因此增加，单靠政府力量提供公共服务显然难以奏效。推进乡村公共服务数字化治理要汇聚更多元的力量、采取更有力的措施，要建设人人有责、人人尽责、人人享有的乡村公共服务数字化建设共同体，推动乡村公共服务智能化、高效化发展。

一、坚持党的领导，发挥党"领导核心"的作用

十八大以来，习近平总书记多次强调，党政军民学、东西南北中，

党是领导一切的，要“提高党把方向、谋大局、定政策、促改革的能力和定力，确保党始终总揽全局、协调各方”。党和国家各项事业实现深层次、根本性的变革，取得全方位、开创性的成就，最主要的经验就是坚持党的领导。乡村公共服务数字化建设是一项系统工程，贯穿于政治、经济、社会、文化、生态等各个环节、各个方面。在推动乡村公共服务数字化建设过程中，要坚持党总揽全局、协调各方的领导核心作用，以前瞻性思考、全局性谋划、系统性布局的思路和方法统筹制度、技术、人员等各种资源，协调一致开展乡村公共服务数字化建设的各项工作。

首先，加强组织领导。推动乡村基本公共服务数字化，要全面落实中央统筹、省负总责、市县乡抓落实的农村工作领导体制。充分发挥各级党委特别是县级党委的统筹协调作用，协调有关部门和党委，成立乡村公共服务数字化建设的专项小组或工作专班，形成上下贯通、横向协调、灵活有效的乡村公共服务数字化工作体系。其次，完善服务机制。各级党委要建立健全以民生改善为导向的乡村数字化公共服务运行机制，直面乡村公共服务数字化建设领域中的重点问题、难点问题，拓展数字技术与乡村公共服务融合的广度，挖掘数字技术与乡村公共服务融合的深度，提升乡村公共服务数字化建设的效度，着力推进教育、医疗、文化等公共服务数字化发展水平，提高公共服务效能，增强人民群众的获得感、幸福感和安全感。最后，提高数字素养和能力。把提高县乡领导干部和乡村基层工作人员数字治理能力作为县乡干部培训教育的重要内容，持续提升基层干部队伍数字思维、数字技能和数字素养，创新乡村公共服务数字化人才引进培养使用机制，建设一支讲政治、懂业务、精技术的复合型干部队伍。

[典型案例]

河南长垣："长垣微脑"创新乡村治理新模式

河南省长垣市以党建为引领，依托互联网、大数据、云计算、人工智能等现代信息技术，开发建设"长垣微脑"社会治理综合服务系统，将乡村治理与数字化无缝对接，全面提升乡村治理智能化、精细化、专业化水平。

依托"长垣微脑"，对农村社区综合治理数据集成共享，强化乡村信息资源互联互通。实施"互联网十村民自治"，通过村庄网站、微信公众号等平台，及时公开党务、村务、财务等，保障村民的知情权、参与权、表达权、监督权，全市596个行政村修订了村规民约、红白事标准，全部纳入"长垣微脑"统一管理。构建乡村公共法律服务的信息服务平台，将公益律师、调解员、村民三者整合到平台上，实现全市596个行政村法律顾问微信群全覆盖，引导村民将利益诉求事项发布在微信公众号上，先由调解员进行沟通调解，调解不成再由公益律师介入，让乡村矛盾能够在网上化解。充分发挥社会组织作用，激发社会力量，将长垣青年普法协会、志愿者服务协会、青年企业家协会、爱心敬老协会等各类社会组织纳入"长垣微脑"参与乡村治理。利用"长垣微脑"中的"云上长垣"模块，建立健全道德先进事迹数据库，发起文明村镇、文明家庭、好公婆、好媳妇、星级文明户等创评活动，表彰奖励"电子功德银行"积分储蓄多的先进人物。

（资料来源：《"长垣微脑"解锁乡村治理服务新模式》，搜狐网。）

二、落实政府责任，发挥政府“负责人”的作用

《“十四五”公共服务规划》明确指出到2025年，公共服务制度体系更加完善，政府保障基本、社会多元参与、全民共建共享的公共服务供给格局基本形成，民生福祉达到新水平。公共服务的底层逻辑是“党+政府+市场主体与机构+公民”，按照“党委领导、政府负责、社会协同、公众参与、法治保障、技术支撑”的要求，政府是公共服务供给的“负责人”。政府治理是一套系统完整、自上而下的目标管理体系和指标管理体系，属于强理性建构的秩序。在推进乡村公共服务数字化建设过程中，需要在以下三个方面狠下功夫，才能更好地发挥政府作用。

（一）增强基层政府公共服务保障投入的原动力

目前，部分基层政府和官员在乡村公共服务保障中不作为、慢作为的现象较为突出，与“善治政府”理念尚有差距，必须在制度设计上让基层政府和官员“守土有责、守土尽责”，使工作落到实处。习近平总书记指出：“各级领导干部要树立正确的权力观、政绩观、事业观，不慕虚荣，不务虚功，不图虚名，切实做到为官一任、造福一方。”[①]这就需要加强问责追责，强化“面子问责”与“内容问责”机制，通过各级政府推广或者网络问政，将官员行为置于群众的监督之下。同时将群众的满意度与官员考核挂钩，直接影响官员的奖惩或升降，从根本上规范官员行为，激励担当作为。

（二）编制数字化乡村公共服务清单，建立服务事项代码库

清单的重点在于规范如下内容：办理依据、受理单位、基本流程、

[①]《习近平谈治国理政》（第四卷），外文出版社2022年版，第55页。

申请材料、示范文本及常见错误示例、收费依据及标准、办理时限、咨询方式等，并细化到每个环节。公共服务事项编码是公共服务清单的一项重要内容，也是建设公共服务事项数据库的核心要素。在全面清理公共服务事项的基础上，要依据可管理性原则，设计统一的公共服务事项代码编制规则，对事项进行分类编码，实现“一数一源”“一事一码”，通过数字化处理，进入“公共服务数据库”。

要同步建立公共服务事项“审核、变更、应用”的体制和机制，保证数据的真实性、鲜活性和权威性，通过对公共服务事项编码，可以有效实现行政服务大厅、网上政务大厅、行政权力运行平台、行政监察平台一体化运行，并对公共服务事项的内容进行准确定位和可追溯管理。有了地方公共服务事项代码库，各级政府就可以依据统一代码，对乡村公共服务事项进行数字化、精细化、可追溯性管理，相关部门可以通过信息化平台对公共服务事项实施有效地统计分析、监督检查，最大限度地防止权力越位、缺位与错位。

（三）推进部门间信息共享与业务协同

首先，做到信息整合，打破各职能部门之间的信息壁垒。乡村公共服务数字化建设涉及众多部门，在政策制定与政策执行过程中往往很难有效协同，给基层政府造成治理困境。通过开通信息系统终端，形成全面覆盖、信息共享的综合治理信息平台，有利于区、街（镇）、居（村）委会三级基层政府治理主体实现信息共享与工作联动，并不断在制度规范上完善信息分流、指挥派遣、反馈监督等工作机制。其次，构建沟通协作机制，实现跨部门互助治理。推动公共数据资源在不同服务部门以及上下级政府之间开放，有效促进服务供给和服务资源的整合，构建面向公众和企业的多级联动、规范透明、资源共享、业务协同的一体化在线公共服务体系。实现政务服务“一站式”网上办理与“全流程”网上效能监督。最后，在信息资源整合基础上，实现人力资源整合与高效配置。以往在基层社会治理中常常出现多部门同时配置人员采集相同信息的情况，导致工作重复、人力资本浪费。基层政府各部门协同治理，要厘清各部门职责，避免职能重复，在清晰明确的社会分工基础上配置人力资源，各部门采集信息后再形成信息共享模式。

（四）加强学习培训，增强工作人员的服务意识及能力

数字技术嵌入乡村公共服务，需要政府工作人员通过学习培训，增强其数字技术推动公共服务的服务意识及能力，更好地让数字驱动乡村公共服务政策落到实处。一是建立健全乡村公共服务人员定期培训机制。乡镇党政正职由市委负责培训，乡镇领导班子其他成员和村党支部书记、村委会主任由县委负责培训，村“两委”其他成员和乡镇站所干部由乡镇党委负责培训，每年要对乡村基层干部普遍轮流培训一遍。二是要加强培训内容的针对性。培训内容要与数字驱动乡村公共服务日常工作事项及任务有关，精确地提升服务人员的知识、素质及能力。三是要注重培训方式方法的灵活性。除了参加专题培训班外，还需注重发挥农村现代远程教育网络的功效。另外，也可以通过专题报告、案例剖析、现场指导、跟班学习、项目合作、参观考察等形式，对相关工作人员进行全方位的教育培训。

三、支持社会组织参与，发挥社会组织“生力军”的作用

2021 年 6 月，《中华人民共和国乡村促进法》颁布，其中第十一条明确规定，各级人民政府要“鼓励、支持人民团体、社会组织、企事业单位等社会各方面参与乡村振兴促进相关活动”，这一规定明确将社会组织视作促进乡村振兴的重要参与者。社会组织与公众有着天然

联系，也是政府和公众之间的桥梁。近年来，培育社会组织促使其参与公共服务供给，逐渐成为地方政府创新社会治理的重要途径。所以，应当充分发挥社会组织在社会治理中的重要作用，推进社会组织参与乡村公共服务数字化建设。

（一）培育乡村公共服务社会组织，夯实载体基础

要着力培育面向乡村振兴、扎根农村基层的社会组织。首先，健全组织培育机制，在县（区）层面建设孵化培育平台，支持村“两委”、村集体经济组织和村民等组建内生性社会组织。其次，健全政府购买服务、奖励扶持和公益创投等机制，为社会组织参与乡村振兴促进工作畅通渠道，鼓励支持社会组织积极转向乡村建设。最后，健全培训交流、典型示范、项目指导等机制，提高社会组织的内部治理能力、资源动员能力、专业服务能力等，提升社会组织促进乡村振兴的效能。

（二）加强社会组织行为引导，提升参与质量

系统总结社会组织参与乡村公共服务数字化建设的经验做法，将之扩散至乡村振兴促进工作中。探索社会组织参与乡村公共服务的具体领域、方式方法、行为标准等，为各地吸纳社会组织参与乡村公共服务数字化建设工作形成明确指导。加强对典型社会组织及其参与行动的整理与宣传，发挥示范引导作用。及时更新“负面清单”，防止社会组织在参与乡村建设时发生“失灵”现象。

（三）强化资金保障，提升参与效能

“条块分割”阻碍了面向乡村振兴的统一公共服务市场的形成，这是社会组织参与乡村公共服务数字化建设工作的重要障碍。因此，需要围绕乡村振兴，统筹出台“政府向社会组织转移职能事项清单”和

“政府向社会组织购买服务清单”等，据此科学合理安排相关支出预算，设立乡村公共服务专项资金，形成稳定的财政投入和保障机制。将社会组织参与情况纳入乡村公共服务数字化实施的指标和统计体系，作为考核评价的基本内容。从而拓展社会组织参与乡村基本公共服务数字化建设的广度和深度，让村民切实感受到实现共同富裕的速度和温度。

[典型案例]

社会组织参与乡村数字公共文化服务

进入新时代，人民对美好生活的向往越发强烈，以读书看报、看电视、听广播、开展群众性文体活动为主要内容的公共文化服务面临升级换代的压力。但是，公共文化资源受到时空限制，难以充分满足群众日益增长的精神文化需要。以互联网为代表的数字化技术恰好可以突破时空限制，为群众提供近在身边的24小时不间断的服务。

数字化打通了服务群众的“最后一公里”，把文化资源送到了群众身边和手边。在河南省，社会文化组织携手，互联网企业和乡村牵线搭桥，建设数字农家书屋。农民群众可以通过农家书屋看书、听戏、阅报。河南数字农家书屋阅读平台可提供10万册电子书、2000个听书品种、3000种期刊、50万分钟的视频，此外还集成了多家网站以及10余种报刊的媒体资源，群众的选择面大大拓展。

在甘肃嘉峪关市，同样在社会文化组织的帮助下，孩子们只要打开嘉峪关市文化馆的公众号，找到市民艺术大讲堂线上舞蹈教学，就能跟着老师学习舞蹈动作了。各大博物馆火爆的展览往往一票难求，但在网上可以“云观展”，有的网站甚至设计了VR（虚拟现实）展示项目，用户只要有一部VR眼镜就能身临其境般地尽情参观……数字化使公共文化的公共性更好地落到了实处。

（资料来源：《社会组织参与乡村数字公共文化服务》，人民日报。）

四、激发农民主体意识，发挥农民“参与者”的作用

（一）提高村民参与社会治理的意识，培养沟通理性

作为公共服务享有的重要对象之一的村民应积极履行参与治理的重要责任，但村民在基层社会治理场域中往往处于缺场状态。因此，基层政府应注重培育村民参与乡村公共服务数字化建设的角色意识，并在这个过程中引导他们形成良好的沟通理性，为村民有效参与乡村公共服务数字化建设奠定坚实基础。

（二）将理念落实到具体行动中，打造公共交流空间

公共交流空间是民众进行沟通、集思广益、发挥作用的重要平台。线上交流空间与线下交流空间可以相互补充。以往多以线下交流为主，且主要参与者为中老年群体。随着互联网发展，打造线上交流空间可弥补青年群体线下交流空间的不足，还可以发挥他们的资源优势。线下交流空间也应继续发挥凝聚乡村活力的重要作用，线上线下协同发力，相辅相成，丰富和完善乡村公共服务方式，推动乡村公共服务数字化建设健康发展。

[典型案例]

攒积分、评优秀 乡亲们参与积极性大幅提升

“天气热了，把犄角旮旯打扫利落，路旁清清爽爽的，看着就舒坦！”在江西省安远县塘村乡龙庄村，村民叶华飞在村干部谢小娥的带领下开展卫生打扫志愿服务。

干了半天，抹了把汗，叶华飞掏出手机，拍了几张焕然一新的村居巷道照片。“把活动图片上传到小程序，审核通过后，‘积分存折’里就能获得10个积分，攒多了还能兑换商品呢。”

叶华飞口中的小程序是塘村乡开发的“乡风文明积分超市”。“过去，村民参与志愿活动都得去村委会登记，现在我们直接在小程序里发布志愿服务、政策宣讲等文明实践活动，村民一键报名、自主上传信息，管理员在线审核，积分入账公平透明，大伙儿都认可。”谢小娥笑着说，“现在经常是文明实践活动刚上线发布，一会儿报名就满了。”

文化兴，民风淳。“活动多了，信息通了，大伙见了面共同话题也丰富起来了。邻里乡亲互相帮衬，村子更像个大家庭了！”谈起变化，龙庄村党支部书记赖世树笑得合不拢嘴。

“引导文明乡风，不光是常念嘴边、常挂路边，得化无形为有形，扎扎实实地体现在行动里才行。”安远县乡村振兴局局长张爱红说，作为国家数字乡村试点县，县里先后建成了AI云广播、乡风文明积分超市等数字化平台，“有意思的数字化应用场景，加上可量化、可兑换的积分制度，乡亲们参与各类文明实践活动的热情明显高了。”目前，456个数字化应急广播终端入驻全县152个行政村，2万多户家庭纷纷加入“攒积分”队伍。

前不久，县里评选出30个文明信用村（社区）、432户文

明信用户和6个乡风文明积分超市建设工作先进乡镇。龙庄村村民罗洪生家去年共获得330个积分，被评为文明信用户，他乐开了花，“走在村里别提多光彩了！”

“乡村是熟人社会，乡亲们重人情、讲面子。”张爱红介绍，根据农村实际，县里将学习培训、移风易俗、清洁家园、创先争优等20多项内容细化为具体积分指标，进行积分登记管理；以户为单位制作乡风文明“积分存折”，开展文明信用户（村、社区）评选，经过逐级评议推荐和部门联审等程序，实行“月兑换、季登榜、年表彰”，充分发挥激励约束功能。

看得见的文明积分，不仅调动了村民参与文明实践的积极性，还有效增强村民参与度和公共意识，为培育文明乡风、良好家风、淳朴民风注入了新动能。

（资料来源：《攒积分、评优秀 乡亲们参与积极性大幅提升》，人民日报。）

第四节 优化资源配置，充分发挥人财物三重保障

长期以来，我国实行二元经济结构，公共资源的配置主要向工业和城市倾斜，实行“以农养工”政策，城市公共服务受益于我国城市化、工业化的发展。而乡村公共服务长期欠账、质量低下，且受阻于自身的资源环境，乡村公共服务的提供基本上是自上而下的，农民没有真正参与并表达需求，乡村公共服务供给在总量不足的同时，存在着结构失衡。主要问题有：一是农村生产生活所需的基础性公共服务供给不足。例如农村电网虽已基本改造完成，但由于资金缺乏，部分村庄仍使用老线路，存在设备老化、供电能力弱等情况。二是农村公益性

公共服务缺位，农村社会事业发展滞后。目前，虽然实行了九年义务教育，对农村小学实行“两免一补”政策，但城乡教育资源分配、教育不公平的问题没有得到解决。农村办学条件差、优秀师资涌向城市、农村女孩教育受限、留守儿童等现象依然存在。三是新农村建设缺乏规划，留下不少弊端。在新农村建设实际过程中，很多地方缺乏规划，来了项目随便划块地就匆匆进行。还有地方做表面文章，把乡村建设变成了一场“秀”，大张旗鼓地建设广场、修花坛、栽大树，对农民的实际生产生活问题却视而不见。

乡村治理是国家治理的基石，公共服务是经济社会稳定之本，乡村治理与公共服务的水平，直接关系到乡村振兴战略实施和农村农民生产生活。大数据、云计算、人工智能等新一代信息技术在农业农村中的广泛应用，驱动乡村治理产生深刻变革，带动公共服务效能提升。通过数字技术的驱动力，在乡村治理和乡村公共服务方面能整合资源、搭建平台、统筹规划、科学配置，优化乡村公共服务效能，提升乡村人民群众的幸福感、获得感和现代感。而数字驱动乡村公共服务效能的提升，需要充分发挥人、财、物等资源要素的保障作用，从强化人才支撑、优化财政投入、夯实底层架构三个方面协同共促数字驱动乡村公共服务体系的有效运行。

一、强化人才支撑，锻造数字治理人才铁军

发展数字经济的一个关键环节是大力培养数字人才，夯实创新型国家的人力资源基础。数字人才不仅包括传统意义上的信息技术专业技能人才，还涵盖能与信息技术专业技能协同互补、具有数字化素养的跨界人才。需求端的数字化转型在行业内已经具备良好基础，正实现跨行业、跨地区的发展融合。但供给端的数字化转型还处于起步阶段。

如果说需求端的数字化转型主要依靠海量用户带来的数据红利。那么，供给端的数字化转型更加依赖人才驱动。培养具有数字化素养的数字人才是推进我国经济数字化转型、推动国家各项事业创新发展的战略基础，需要在体制机制、队伍结构上持续发力。

（一）在体制机制上，推动人才发展体制机制改革向纵深发展

中央印发的《关于深化人才发展体制机制改革的意见》指出，通过深化改革，到 2020 年，在人才发展体制机制的重要领域和关键环节上取得突破性进展。实现这一目标，要推动人才发展体制机制改革向纵深发展。首先，不断细化实化人才发展体制机制改革的时间表和施工图，明确乡村公共服务数字化建设的重要领域和关键环节，构建更为科学高效的人才管理体制，不断完善人才评价、流动、激励机制。其次，进一步加强对乡村公共服务数字化建设重要领域和关键环节人才发展体制机制改革的督察工作，确保各项改革措施落地见效。最后，大力研究解决人才发展体制机制改革过程中出现的新情况、新问题，将经过实践验证行之有效的经验上升为制度，发挥制度的优势，破解人才发展桎梏。

（二）在队伍结构上，推动人才队伍结构不断优化

不断调整和优化乡村公共服务人才队伍结构，推动其向数字化、现代化方向发展，从而有效促进经济社会发展转型升级。首先，在政策方面，实行更加积极、更加开放、更加公平、更加有效的乡村人才振兴政策,使乡村本土人才的创造活力和聪明才智得到充分发挥。同时，完善奖励和补偿机制，促进公共服务人才在空间布局、专业分布上趋于平衡和优化，引导城市人才进入乡村振兴建设队伍。其次，在人才类型方面，推进数字化与乡村公共服务相结合的学科建设，着力培育

更多数字应用与乡村公共服务融合型人才，培养一批在乡村公共服务领域敢于、意于、善于改革的领军型人才。最后，在人才技能培训方面，开展形式多样的数字驱动乡村公共服务主题活动和技能提升培训活动，营造社会共同关注、全民积极参与的浓厚氛围，让“数字”走进乡土、融入乡村。

二、优化财政投入，提升公共服务支出绩效

党的十九届五中全会提出“优先发展农业农村，全面推进乡村振兴”，并将“基本公共服务实现均等化”作为2035年国民经济和社会发展远景目标的重要内容。由于长期的城乡二元体制发展，农村地区基础设施欠账较多，教育、医疗、文化等公共服务和社会事业滞后。“基本公共服务均等化”要求政府在统筹城乡公共服务总体发展的同时，推动公共服务向乡村延伸、社会事业向乡村覆盖，完善乡村公共服务基础设施，提高乡村公共服务水平，而这离不开公共财政对乡村公共服务的支持与保障。根据财政部数据，2016年至2019年4年间全国财政一般公共预算累计安排农业农村相关支出6.07万亿元，年均增长8.8%，高于全国一般公共预算支出平均增幅。这意味着每年投入农业生产、脱贫攻坚、农业供给侧结构性改革、农村基础设施建设和乡村治理等财政资金超过1万亿元。

发挥公共财政资金投入的主体和主导作用，特别是中央和各级财政统筹整合使用财政在乡村公共服务领域的资金，是提高数字驱动乡村公共服务效能提升的重要保障。优化公共财政对乡村公共服务数字化建设的投入，不仅仅是筹措资金、增加投入，而是要发挥财政政策的积极作用，合理安排财政投入主体和投入规模，优化支出结构，调整支持重点，切实做好巩固拓展脱贫攻坚成果同乡村公共服务有效衔

接的各项工作，增强基础保障功能，提高乡村公共服务支出绩效。通俗地说，提升乡村公共服务支出绩效，是要让公共财政为人民群众服务的支出费用，支出的合理、支出的透明、支出的有效，在充分利用前期脱贫攻坚成果的基础上，把钱优先花在乡村公共服务的重点上、短板上与急需上，在保障人民群众基本生活需要的同时，赋予人民群众追求更美好生活的能力。具体可从以下几方面着手：

（一）扩大投入规模，扩充服务主体

投资学认为，影响投资规模的因素包括投资资金来源、投资结构比例、投资风险系数、投资预期效益等，而这些影响因素又都牵扯到另一个因素——投资主体数量。投资主体数量的增加，将丰富投资资金来源、优化投资结构比例、分散投资风险、提升投资预期效益，从而将大大增加投资规模。扩大乡村公共服务主体投入规模，重中之重是扩大乡村公共服务主体，让更多主体参与，让主体有能力参与。措施分为两个方面：一方面是发挥中央和地方的积极性，给予地方更多自主权，明确中央和地方政府事权与支出责任，健全省以下财政体制，增强基层公共服务保障能力。另一方面是充分发挥政府、事业单位、社会组织、企业等多元主体供给公共服务的优势，构建和完善多元主体供给公共服务的模式，不断提升公共服务绩效。

（二）兜底与赋能共保，存量与增量同促

兜住民生底线是坚持以人民为中心的发展思想的基本要求，公共服务可以看作是保障和改善民生的一张安全网。对于因病、因残、年老体弱、丧失劳动能力以及生存条件恶劣等原因造成生活常年困难的家庭，且家庭年人均纯收入低于当地最低生活保障标准的困难群众，公共财政要担负起兜底保障的作用。“赋能”则要求公共财政加大在

教育培训、卫生健康等公共服务方面的投入。加大教育培训支出，比如在县城和中心镇新建改扩建一批高中和中等职业学校；建设一批产教融合基地等，让人人可以享有学习提升的机会；加大卫生健康支出，选建一批乡镇中心卫生院；合理提高城乡居民基本医疗保险政府补助标准和个人缴费标准等，守护人民健康，改善人民健康状况。“存量”要求切实做好巩固拓展脱贫攻坚成果同乡村公共服务有效衔接的各项工作，充分利用前期脱贫攻坚成果，促进乡村公共服务效能提升。“增量”则强调财政要向乡村公共服务建设中的重点环节、重要领域和薄弱地方倾斜，集中力量办大事、办要事、补短板，加大在教育、卫生、就业、社会保障、公共基础设施等方面的投入。

（三）防止数字城镇化，适当倾斜性支持

我国城市化进程中，城市及城市群发展迅速，而乡村发展则相对缓慢，乡村事业发展在许多领域存在严重落后的局面。相较于城市的数字建设，乡村的数字建设面临数字基础设施薄弱、数字人才储备缺乏、数字建设专项基金投入低等诸多困境。分析数字驱动乡村公共服务效能发展的影响因素，发现其包括人、财、物等多方面的制约，但是归根结底还是“财”的制约。在大力发展数字经济、建设数字基础设施的当下，中央和地方要适当加强对农村数字化服务的投资力度，积极探索引导财政政策助力乡村数字基础设施建设，实现基层治理能力现代化，提升公共服务的水平。

三、夯实底层架构，加快数字基础设施建设

基础设施是现代经济社会运行的基底，数字基础设施建设在我国的数字化进程中发挥着基础性、战略性、先导性、引领性等作用。传统基础设施是以钢筋、水泥、砖石、钢结构以及其他工业材料为主体

构建的基础设施，包括道路设施、水利设施、桥梁设施、港口码头等。数字基础设施，顾名思义就是“数字化”的基础设施，与传统的物理基础设施不同的是，它主要是指以网络通信、大数据、云计算、区块链、量子科技、人工智能、物联网以及工业互联网等数字技术为主要应用的新型基础设施。数字基础设施作为数字经济的发展基石、数字化转型的必要基础，在传统基建日益退潮的时候，是推进经济社会发展的重要驱动力。另外，数字基建也是强化国家治理能力的重要支撑和提升公共服务发展的重要推力。夯实底层架构，加快数字基础设施建设，能降低跨域间的信息不对称程度，打通城乡之间的物理间隔，驱动乡村公共服务效能的提升，实现助力乡村振兴的时代使命。

统筹推进通信网络基础设施、算力基础设施和融合基础设施加快发展。通信网络基础设施，包括5G、物联网、工业互联网、卫星互联网等；算力基础设施主要是以数据中心（是指集中存放大量具备计算、储存、交互信息能力的设备，并为之提供稳定可靠运行环境的场所）、智能计算中心为代表；融合基础设施，主要是指深度应用互联网、大数据、人工智能等技术，支撑传统基础设施转型升级，进而形成的融合基础设施。比如，智能交通基础设施、智慧能源基础设施等。“要想富，先修路；农村没有路，致富有难度”，流传于人们口中的顺口溜，简洁明了地阐释了道路基础设施对于社会经济发展的重要意义。同理，数字基础设施建设对于数字驱动乡村公共服务效能提升具有重要意义，只有先解决数字基础设施建设问题，才能有效推进数字驱动乡村发展，提升乡村公共服务效能。加快数字基础设施建设。数字基础设施建设可从以下几方面着手：

（一）“宽严相济”，强力支持

数字基础设施具有高度的技术性和创新性，而相关科技企业具有数据、算法、技术、资本等优势，给予社会资本进入，能大力发展数字基础设施建设，快速促进我国数字化进程。但是，数字基础设施建设具有建设周期长、投资规模大、回报周期长等特征，使得不少市场主体望而却步，如果没有政府强力支持，数字基础设施建设难以形成有效突破和可持续发展。另外，数字基础设施建设牵扯到人民群众的利益福祉，关系到经济社会发展和国家安全稳定。各级政府要重视数字基础设施建设问题，予以政策扶持、行政许可、财政补贴、税收优惠、法律保护等支持的同时，也要严格审查要求有关主体的数据、人员、技术、资本等生产要素的安全性与政治性。

（二）“破壁除篱”，广泛参与

数字基础设施具有非排他性、非竞争性和正外部性，是准公共产品，介于纯公共产品和私人产品之间，如教育、邮政、城市公共交通、高速公路等都属于准公共产品。对于准公共产品的供给，应采取政府和市场共同分担的原则。鉴于当前疫情防控、减税降费和经济下行的压力，我国财政收入趋紧，各级财政状况并不明朗，让更多市场主体参与数字基础建设是可行的，也是必要的。多主体参与能激发市场活力，减轻财政压力，更好地发挥政府的作用。《“十四五”规划纲要（草案）》中明确提及“发挥市场主导作用，打通多元化投资渠道，构建新型基础设施标准体系”。除了雄厚的资金优势外，企业特别是互联网企业在数字基础设施的建设和运营过程中有明显优势，也有强烈的积极性，因此应该更多发挥这些龙头企业的作用。政府要完善支持社会资本参与的各项政策，破除妨碍民间投资进入“新基建”的各种“显性藩篱”

和“隐性壁垒”，让社会资本能够进入更多领域并发展起来和有所作为，共同推进数字基础设施建设。

（三）“搭建平台”，实现融合

数字技术驱动乡村公共服务效能提升的本质优势在于消解传统的公共服务资源割据、乡村单一化的公共服务产品结构和落后的基础设施建设等影响，进而满足乡村人民群众的公共服务需求。但由部门壁垒和传统城乡二元结构体制产生的信息孤岛、技术鸿沟、生产鸿沟等，成为乡村公共服务发展的症结，继而阻碍乡村人民群众充分地、公平地享受公共服务。因此，搭建乡村公共数字服务平台是数字驱动乡村公共服务效能提升的前置性工程。从数字惠民的角度出发，进一步立法明确要求各级公共服务机构将资源和信息链接到统一的乡村公共服务云平台，纳入整体性管理，架构起涵盖省市县乡村五级的公共数字服务网络，将数字服务的“触角”延伸到广大的乡村地域；促进数字化融合，推动农村地区公共服务事业现代化发展，建设一批乡村“数字科技馆”“数字学校”“数字文化馆”“数字化医院”等工程；同时，鼓励科研院校、高新企业等技术下乡，提升数字服务受众的数字意识与素质。

第五节　加强舆论宣传，营造浓厚社会文化氛围

乡村公共服务数字化建设舆论宣传工作已经成为新时代背景下数字政府、数字乡村建设的前沿阵地，是提升数字驱动乡村公共服务效能的重要组成部分。做好乡村公共服务数字化建设教育宣传工作，是引导舆论、凝聚共识、进一步提升乡村公共服务数字化效能的重要举措。

一、以"咬定青山不放松"的态度坚守原则

舆论宣传是党和政府治国理政的一项关键工作，是推动党的理论、路线、方针深入群众、深入人心的重要途径和方法。

（一）坚持党性原则

舆论宣传工作作为党的宣传工作和意识形态工作的重要内容，必须坚持党性原则，高扬党的理论旗帜，体现党的意志，反映党的主张，维护党的权威。积极宣传阐释党的基本理论、基本路线、基本方略，深入宣传阐释党中央重大决策部署，及时宣传党的最新理论成果，推动马克思主义中国化时代化大众化，不断增强党的创造力、凝聚力和战斗力，确保党始终成为中国特色社会主义事业的坚强领导核心。

（二）坚持服务国家需求原则

做好乡村公共服务数字化建设工作，要紧跟党中央的决策部署和实践步伐，党和国家关心什么、强调什么，乡村公共服务数字化建设就重点抓好什么、重点宣传什么、重点督查什么，要做到宣传内容有说服力、形式有感染力、传播有穿透力。

（三）坚持为民服务原则

习近平总书记指出："民心是最大的政治。我们党是全心全意为人民服务的党，坚持立党为公、执政为民，把人民对美好生活的向往作为始终不渝的奋斗目标。"[①] 乡村公共服务数字化建设舆论宣传工作要面向广大农民群众，为广大农民群众所了解、理解、掌握和运用，成为广大农民群众认识世界和改造世界的锐利武器。在舆论宣传过程中，

[①]《习近平谈治国理政》（第四卷），外文出版社 2022 年版，第 60 页。

要注重语言的表达以及形式的创新，需要充分考察农民的知识基础、工作阅历、生活习惯等因素，在新时代语境下和生活境遇中生动活泼地将乡村公共服务数字化建设的主旨表现出来。用广大农民群众喜闻乐见的表达形式和易于接受的语言进行传播，把深邃的理论用平实的语言讲清楚，把深刻的道理用“接地气”的话语说明白，使科学的理论广泛传播、深入人心、代代相承。

二、以“风物长宜放眼量”的思维谋划工作

做好舆论宣传，另外一个重要方面就是要树立大局意识，坚持系统观念，用长远的视角看待问题。即立足整体，把握宏观。乡村公共服务数字化建设涉及不同主体、不同领域、不同专业，是一项全方位多领域的系统性工程，因此，乡村公共服务数字化建设舆论宣传需要长远考虑、协同推进。

（一）注重统筹规划、系统谋划

推动共建共享、协同处置，促进乡村公共服务数字化建设舆论宣传统一规划、统一布局、统一推进、统一管理，着力构建一体化乡村公共服务数字化建设宣传体系，逐步形成“自上而下”的舆论宣传网络。

强调按照坚持党的全面领导、服务国家战略需求、为人民服务的原则，注重舆论宣传的系统性、整体性、协同性，努力在乡村公共服务数字化建设的重点领域和关键环节取得突破，统筹做好乡村公共服务数字化建设舆论宣传工作，广泛凝聚共识，营造良好的乡村公共服务数字化建设的社会文化氛围。

（二）强化央地宣传协同高效衔接

首先，中央宣传系统要起到引领作用，表明态度，树立明确指向。

其次，地方宣传系统要起到强化、辅助作用，结合各地区的具体情况，用好宣传资源，增强针对性和感染力。最后，创新宣传方式方法，用好传统媒体、自媒体、融媒体，形成全方位、持续性、立体式的宣传格局。深化宣传模式更新转型，提升传播力，增强宣传效果，强化中央和地方乡村公共服务数字化建设舆论宣传高效衔接。

三、以“一枝一叶总关情”的精神注重实效

以农民的需求为出发点、以公共服务均等化为重点、以公共服务数字化建设为核心，制定乡村公共服务数字化建设的具体措施。首先，保障工作要到位。要保障必要的宣教工作经费，加大宣教干部培养力度，把政治强、业务精的高素质人才选拔到宣教岗位。其次，齐抓共管要有效。各地方主管公共服务、政务服务、政府数字治理的部门负责同志要带头抓宣传，定期听取宣传工作汇报，解决宣传工作中的困难和问题，并带头接受媒体采访，当好“第一新闻发言人”。最后，典型示范立形象。当前，我国农村仍然处于从传统社会向现代社会的转变之中，乡村社会治理情况不一，这就要求宣传工作要具有特色、实事求是。各地方政府要善于挖掘那些积极探索、勇于实践并且做出成果的乡村，研究、总结和推广典型做法，成熟一批、推介一批，充分发挥典型案例的引领示范作用，增强实际效果，不断增进广大农民的思想认同和情感认同，从而营造浓厚的社会文化氛围。

四、以“牵一发而动全身”的意识防范风险

当前，因社会主要矛盾变化所带来的利益诉求增多、热点问题和突发事件易发多发，重大、突发及次生舆情发生频度不断增强，叠加效应也在不断加大。尤其是突发事件，在数小时之内就能在移动媒体

上形成涟漪式传播甚至“病毒式”传播，这都要求主流新闻媒体必须及时做出响应，科学判断，解决困难挑战。要构建政府与媒体联动的风险预判机制，密切关注乡村公共服务数字化建设进程，敏锐察觉有关舆情的风起、风向和风潮，及时引导公众认知、干预舆情发展。要把防范化解舆情风险的阵线拉得更长、触角伸得更远，关注舆情动态，关注村民、网民意见，回应热点关切。把握好“时度效”，强化时效意识，第一时间发出权威声音。要互动式传播，加强与村民用户间的互动交流，提高村民用户的关注度和参与度，使舆情发展朝着我们所希望所确定的流向走，真正占据舆论引导的制高点。

推进乡村公共服务数字化建设任重而道远，需要多方主体在长时间里，统筹规划、突出重点、抓住关键。以“吹尽狂沙始到金”的态度处理应对每一阶段、每一过程出现的难题挑战，上下同心、齐心协力、共克时难，跨越一座座高山、突破一道道难题，以“直挂云帆济沧海”的气概振奋精神、坚定信心，才能更好地提升数字驱动乡村公共服务效能，谱写数字乡村新篇章，擘画乡村振兴新图景。

参考文献

1.《习近平谈治国理政》，外文出版社 2016 年版。

2.《习近平谈治国理政》（第二卷），外文出版社 2017 年版。

3.《习近平谈治国理政》（第三卷），外文出版社 2020 年版。

4.《习近平谈治国理政》（第四卷），外文出版社 2022 年版。

5.《十八大以来重要文献选编》（上），中央文献出版社 2014 年版。

6.《十八大以来重要文献选编》（中），中央文献出版社 2016 年版。

7.《十八大以来重要文献选编》（下），中央文献出版社 2018 年版。

8.《十九大以来重要文献选编》（上），中央文献出版社 2019 年版。

9.《十九大以来重要文献选编》（中），中央文献出版社 2021 年版。

10. 全国干部培训教材编审指导委员会 :《发展社会主义民主政治》，人民出版社 2019 年版。

11. 刘清堂、朱珂 :《数字化学习资源与活动整合应用研究》，华中师范大学出版社 2015 年版。

12. 李继霞、刘涛、霍静娟 :《中国农村公共服务供给质量时空格局及影响因素》，载《经济地理》，2022 年第 6 期。

13. 卢盛峰、杨光照、马静、陈思霞：《面向乡村振兴的公共服务均等化研究：以医疗和教育为例》，载《财政研究》，2022 年第 6 期。

14. 卢春、尹博雅、李广玲、李淼云：《农村教师数字教育资源应用能力影响因素的多层线性分析》，载《现代远距离教育》，2020 年第 3 期。

15. 曹现强、卓文昊：《共享视角下乡村公共服务供给的作用机制》，载《广西大学学报（哲学社会科学版）》，2022 年第 3 期。

16. 林万龙：《从城乡分割到城乡一体：中国农村基本公共服务政策变迁 40 年》，载《中国农业大学学报（社会科学版）》，2018 年第 6 期。

17. 曾智洪、王梓安：《数字监督：大数据时代权力监督体系的一种新形态》，载《电子政务》，2021 年 12 期。

18. 林陶玉、冯文明、方鹏骞：《协同创新视域下数字医疗联合体建设路径分析》，载《中国医院管理》，2022 年第 7 期。

19. 王富民：《分级诊疗体系下医疗资源优化配置探索：基于大数据医疗信息共享机制》，载《中国卫生经济》，2019 年第 8 期。

20. 唐代盛：《助力"全面小康"分级诊疗体系亟须发力》，载《中国医院统计》，2020 年第 5 期。

21. 刘庆：《智慧赋能："互联网 + 养老"的现实经验和未来向度》，载《决策与信息》，2022 年第 4 期。

22. 张雷、韩永乐：《当前我国智慧养老的主要模式、存在问题与对策》，载《社会保障研究》，2017 年第 2 期。

23. 孙璇、吴肇光：《数字化就业的演进历程、发展瓶颈与促进数字化就业的策略研究》，载《产业经济评论》，2021 年第 2 期。

24. 青连斌：《"互联网 +"养老服务：主要模式、核心优势与发展思路》，载《社会保障评论》，2021 年第 1 期。

25. 胡志平：《公共服务：巩固脱贫攻坚成果同乡村振兴有效衔接新探索》，载《学习与探索》，2022 年第 3 期。

26. 郭美荣、李瑾、马晨：《数字乡村背景下农村基本公共服务发展现状与提升策略》，载《中国软科学》，2021 年第 7 期。

27. 李蕊：《新时代破解农村养老难题的路径探索》，载《人民论坛》，2022 年第 5 期。

后　记

完善的乡村公共服务体系是实现乡村全面振兴的有力保障，运用数字技术提升乡村公共服务效能是新时代乡村公共服务体系建设的题中之义。

本书在全面推进乡村振兴、加快建设数字中国、扎实推进共同富裕的时代背景下，对乡村公共服务体系及其效能评价体系的内容构成、数字技术提升乡村公共服务效能的作用机理及其所面临的外部环境等问题进行了基本的学理性阐释；着重探讨了通过数字技术提升乡村教育服务、医疗服务、养老服务、就业服务和政务服务等乡村公共服务的效能，建成符合善教善学、良医良治、宜老适老、创业创收和增能增效要求的乡村公共服务体系，进而充分实现学有所教、病有所医、老有所养、劳有所得和呼有所应目标的基本方略和具体路径；并从目标导向、顶层设计、组织领导、资源配置和舆论宣传等角度提出了数字驱动乡村公共服务效能提升的保障措施。本书期望通过上述内容的分析与阐释，在实践中为各级党委政府和乡村振兴一线干部群众提供乡村公共服务决策和执行等不同侧面的参考。

本书由梁丽芝教授和刘超教授担任主编，统筹全书写作工作，其中梁丽芝教授负责本书第一、二、三、五章，刘超教授主要负责第四、六、七章。赵智能、张益伟、尹志杰、蔡婷、罗巧惠、雷芸桢、成雨璁、李丹、滕盼、陈雷元、郭卓、颜楚昕、刘姗、郭晴、史乃龙、陈林、周楚豪、邓文达、王雅诺、欧亚娟等同志对本书的资料搜集、加工整理和文字校对等工作亦有重要贡献。本书写作过程中还吸收借鉴了许多专家学者的观点，同时参考了各级党政部门的政策文本和统计数据，上述引用或参考内容在写作过程中均以脚注等形式予以标注。本书在出版过程中还获得了湘潭大学公共管理学院、湘潭大学出版社等单位的大力支持。在此，谨向所有为本书写作和出版工作付出辛勤劳动和提供宝贵支持的单位和个人表示衷心感谢！

由于作者水平和写作时间有限，本书难免存在错漏之处，敬请广大读者提出宝贵意见！

作　者

2022 年 7 月

图书在版编目（CIP）数据

数字驱动乡村公共服务效能提升 / 梁丽芝，刘超著
. -- 湘潭 : 湘潭大学出版社，2022.9
ISBN 978-7-5687-0862-3

Ⅰ. ①数… Ⅱ. ①梁… ②刘… Ⅲ. ①农村－公共服务－研究－中国 Ⅳ. ①D669.3

中国版本图书馆 CIP 数据核字（2022）第 159426 号

数字驱动乡村公共服务效能提升

SHUZI QUDONG XIANGCUN GONGGONG FUWU XIAONENG TISHENG

梁丽芝 刘超 著

责任编辑：张 蔚
封面设计：李 平
出版发行：湘潭大学出版社
社 址：湖南省湘潭大学工程训练大楼
电 话：0731-58298960 0731-58298966（传真）
邮 编：411105
网 址：http://press.xtu.edu.cn/
印 刷：长沙鸿发印务实业有限公司
经 销：湖南省新华书店
开 本：710 mm×1000 mm 1/16
印 张：15.25
字 数：218 千字
版 次：2022 年 9 月第 1 版
印 次：2022 年 9 月第 1 次印刷
书 号：ISBN 978-7-5687-0862-3
定 价：88.00 元